생각보다 괜찮은 나를 발견했다

생각보다 괜찮은 나를 발견했다

초판 1쇄 발행 2025년 11월 17일

지은이 | 이진아
발행인 | 김상길

책임편집 | 하은경
디자인 | 주빛디자인 주수정
교정교열 | 염현정
펴낸곳 | 나눔클래스

주소 | 서울시 성북구 오패산로 38 2층
대표전화 | 02-911-2722
팩스 | 02-911-2723
출판등록 | 제2021-000008호
ISBN 979-11-94800-07-1 03190
인스타그램 @_millionbook_

생각보다
괜찮은 나를
발견했다

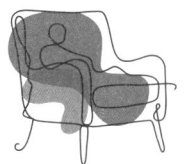

차례

곧 새로운 나를 만날 당신에게 _
몰랐던 나를 만난 순간의 짜릿함

어릴 적 나는 친구들과 어울려 노는 게 참 어려운 아이였다. 일단 친구가 되면 아무 문제가 없는데, 문제는 그 '처음'이었다. 말을 먼저 걸 용기가 없어서 친구들이 말을 걸어줄 때까지 기다렸다. 그렇게 초등학교 입학 후 한 달을 조용히 지냈다.

그러던 어느 날, 담임선생님이 나에게 전교생이 모이는 학예회에 나가 독창을 하라고 말씀하셨다. 친구들에게 같이 놀자는 말도 하지 못하는 내가 전교생 앞에서 무대에 선다는 건 말도 안 되는 일이었지만, 싫다고 말할 용기도 없었기에 결국 참가하기로 했다. 아니, 참가하게 됐다. 그리고 학예회 당일, 놀라운 일이 벌어졌다. 무대에 오르고 노래가 시작되자 떨리던 다리가 멈추고 마음이 가라앉았다.

나는 노래를 끝까지 불렀고, 무대 아래에선 박수가 터졌다. 생각보다 너무 즐거웠고, 신났다. 친구들에게 말도 걸지 못하던 내가, 전교생 앞에서 노래를 부르며 웃고 있었다.

그 순간 알았다. 나는 작은 무리 안에선 부끄럽고 어색해하지만, 많은 사람 앞에서는 의외로 잘할 수 있는 사람이라는 걸.

내가 몰랐던 나의 한 면을 처음 발견한 순간이었다.

대단한 발견이었다.

그때부터 내 감정과 행동을 조금씩 관찰하기 시작했다. 나는 어떤 상황에서 불안해지고 어떤 순간에 기뻐지는지를. 나를 지켜보는 일이 즐거웠고, 그건 지금까지도 이어지고 있다.

그런 시간이 쌓여서일까? 나는 지금 동기 부여 강사이자 리더십 강사로 일하고 있다. 그때의 작은 발견이 이 길로 이끌었는지는 모르겠지만, 미처 몰랐던 나를 만나는 경험이 나는 늘 좋았다.

그동안 나는 정말 많은 자기 계발서를 읽었다. 그 안에는 좋은 말도 많고, 때로는 자극도 있었다. 하지만 이상하게도, 책장을 덮고 나면 마음에 허무감이 남았다. '그래서 지금의 나는 어떻게 하라는 걸까?'라는 질문에 답이 없는 느낌이랄까? 내용은 맞는 말인데, 내 마음과 내 상황에는 어울리지 않는 느낌이었다.

나는 그런 책들보다 내 마음을 제대로 들여다볼 수 있게 해주는 책을 원했다. 내가 왜 힘든지, 왜 못 하는지, 왜 그런 감정을 느끼는지 같은, 그걸 이해해 주는 그런 책을. 그래야 내가 나를 위한 그다음 행동을 할 수 있을 테니까 말이다.

그런 게 없어서 실망했고, 그래서 자기 계발서가 싫어졌다.

출판사 대표님이 자기 계발서를 써보자고 했을 때, 처음에는 시큰둥했다. 하지만 대표님의 꾸준한 설득에 마음이 움직였고, 덜컥 쓰겠다고 약속해 버렸다. 이후 한 글자도 쓰지 못하고 몇 달을 보냈다. 그 대신 우리는 수없이 만났다. 일주일에 한 번, 이 주일에 한 번.

서로의 어린 시절 이야기를 꺼냈고, 지금 우리가 어떤 마음으로 살아가고 있는지 털어놓았다. 회의라기보다 긴 대화였다. 잡담 같기도 했고, 상담 같기도 했다.

"자기를 알게 되면 뭐가 달라질까요?"

"그러면 삶이 좀 편해지지 않을까요?"

그런 말을 주고받는 동안 내가 쓰고 싶은 책의 방향이 조금씩 드러났다.

첫째, 일방적으로 "이렇게 해"라고 말하지 않는 책.

둘째, 자기 마음을 이해할 수 있도록 도와주는 책.

그렇게 방향이 정해지고 나서야 비로소 글쓰기를 시작할 수 있었다.

일단 몇 가지를 다짐했다.

먼저 당신에게 일방적으로 말하지 않는다. "이렇게 하면 좋다"고 단정 짓지 않는다. 다음으로 '위로'하지 않는다. 어차피 나는 위로를 잘 못하는 사람이기도 하다. 그저 내가 어릴 적 학예회에서 독창을 하며 모르던 나를 발견했을 때의 그 기쁨을 당신도 느낄 수 있기를 바란다.

"몰랐던 나를 발견하고,
생각보다 괜찮은 나를 만나고,
실은 괜찮지 않아도, 그런 나를 이해할 수 있게 되는 기쁨.
그걸 함께 나누고 싶다."

나는 가끔 이렇게 말한다.
"나는 매일이 새롭다. 지루할 틈이 없다."
하루하루 지나면서 어제보다 흰머리가 늘고, 익숙하지 않은 통증이 생기고, 그렇게 낯선 나를 마주하고, 그때마다 또 다른 나를 만난다.

그 새로움이 늘 멋지지는 않지만, 꼭 나쁜 것만도 아니다.
하지만 나를 알게 되는 일은, 언제나 기쁜 일이다.

지금 이 책을 펼친 당신에게 몰랐던 '나'를 발견하는 기쁨이
찾아오기를 바란다. 그리고 그 기쁨이, 스스로를 조금 더 사
랑할 수 있는 용기로 이어지기를 바란다.
이제 새로운 나를 만나러 갈 시간이다.

Chapter 1.
서툰 감정 표현과 혼란스러운 시작

혼자만의 시간이 불편해요

저는 친구들이 너무 이해가 안 돼요.

친구들에게 만나서 어디라도 가자고 하면 다들 피곤해서 쉬고 싶다는 거예요. 사람들은 어떻게 가만히 있는 걸 좋아하죠? 오랜만에 만났는데 카페에서 몇 시간 동안 수다만 떨고 그러는 게 저는 싫거든요. 공연을 보거나, 산에 가거나, 산책이라도 하면 좋잖아요. 그런데 다들 "피곤하다, 오랜만에 만났는데 수다나 실컷 떨자"고 하는데, 가만히 있는 게 더 힘들지 않나요? 저는 가만히 있는 게 힘들거든요. 가끔 지인들이 저한테 왜 그렇게 많은 일을 벌이냐고, 왜 매번 새로운 모임을 만들고 주말에도 돌아다니냐고 하는데, 가만히 있으면 시간이 아깝잖아요.

제가 그렇다 보니 친한 지인들과 사이가 좀 멀어지는 느낌도 들고, 저 빼고 다른 친구들끼리 만나 카페에서 수다도 떨고 한다는 걸 알게 됐어요.

어느 날 선배를 만나 그런 일이 서운하다고 했더니, 이런 말을 하더라고요.

"영주야, 넌 왜 그렇게 뭘 하려고 해? 그게 나쁘다는 건 아닌데, 늘 그렇게만 지내면 너에 대한 생각은 언제 해? 아무것도 안 하고 혼자 있는 시간을 좀 가져봐. 너에 대해서 생각하는 시간을 가져봐. 너무 바쁘게 살기만 하면 너에 대해서 생각할 틈이 없잖아."

그 말을 듣자마자 "뭘 생각을 해. 나는 그냥 나지. 같이 하기 싫으면 싫다고 해요"라고 말했죠. 그런데 이 대답조차 단 몇 초도 생각하지 않고 바로 했더라고요. 그 순간 너무 깜짝 놀랐어요. 제가 저 자신에 대해서 생각하는 시간을 가져본 적이 없는 거예요.

그 선배가 "영주야, 너 혹시 너를 직면하는 게 두려운 거야?"라고 묻는데, 머리를 한 대 딱 맞은 것 같았어요. 곰곰 생각해 보니까 그 선배 말이 틀리지 않더라고요.

사람들은 저한테 "부지런하다", "열심히 산다"라며 칭찬을 하지만 저에 대해 진지하게 생각하다 보면 스스로 좋은 점수를 주기 어려울 것 같아서 계속 바쁘게 움직이며 그런 시간을 피하려 했던 것 같아요.

그런데 이런 생각을 한 이후로도 저는 계속 일을 만들고 바쁘게 살아요. 노력해 봤는데 '나를 직면'하는 게 쉽지 않더라고요. 저는 왜 저에 대해서 생각하는 걸 힘들어할까요?

 마음에 말을 건네다

바쁘게 사는 내가, 사실은 나를 피하고 있었다

영주 씨는 어릴 적 부모님의 관심을 받은 일이 거의 없었다. 집안 형편이 넉넉지 않았고, 인정받은 기억이라고는 공부를 잘해 좋은 성적이 나왔을 때, 부모님 일을 열심히 도왔을 때, 언니와 오빠 대신 심부름을 했을 뿐이었다. 그 시절 유일하게 들었던 칭찬은 "부지런하다", "빠릿빠릿하다"는 말이었다. 그런 기억들이 차곡차곡 쌓이며, 그는 시간이 아까워 가만히 있을 수 없는 사람이 됐다. 누군가를 만나고, 무언가를 하고, 어딘가에 속해 있어야 마음이 놓였다. 그렇게 하지 않으면 자신이 쓸모 없는 사람처럼 느껴졌다.

인정받고 싶다는 마음조차 미뤄두고 살았다

영주 씨는 늘 성실했고, 책임감이 있었으며, 모임에서도 중심이 돼 이끄는 사람이었다. 하지만 가까운 사람이 그 노력을 몰라줄 때면 서운함을 드러내거나, 때로는 날카로운 말로 반응하곤 했다. 그런데 그 모습은 그의 진심을 가려버리는 순간이 되곤 했다.

영주 씨 자신에 대해 물었을 때 그는 이렇게 말했다.

"내가 뭐 돈이 있냐, 백이 있냐, 얼굴이 예쁘냐. 노력이라도 해야지."

그 말끝에 "사실 이 정도면 괜찮다고 생각하고 싶은데, 그런 것 같지는 않아"라는 말이 덧붙었다.

친구들이 부모님 자랑을 할 때마다 마음 한구석이 뾰족해졌다. 그럴 때면 그녀는 친구에게 이렇게 말하곤 했다.

"넌 재수가 좋은 거야. 부모님께 감사해야 해. 우리 나이에 부모님 칭찬받고 자란 사람이 얼마나 되냐?"

그 말 속에는 부러움, 억울함 그리고 외로움이 들어 있었다.

아직 끝나지 않은 인정 욕구

나는 가끔 생각한다. 영주 씨의 마음속에는 어쩌면 아직도 부모님에게 인정받고 싶었던 아이가 살고 있는 게 아닐까 하고. 관심을 끌지 못했던 어린 시절의 기억, 다른 친구들이 부모님에게 사랑받는 모습을 지켜봐야 했던 순간들 그리고 열심히 해야만 겨우 들을 수 있었던 "괜찮다"는 한마디. 그런 기억들이 지금도 마음 어딘가에 남아, 끊임없이 자신을 몰아붙이고 성과와 결과로 자신을 증명하려는 습관으로 이어진 건 아닐까?

조용한 시간을 일부러 피하고 자기 자신과 마주할 틈을 만들지 않으려 했던 건, 혹시 그때의 허전함과 상처를 다시 마주할까 봐 두려워서였던 건 아닐까?

그럴 수도 있고 아닐 수도 있다. 하지만 그런 가능성을 스스로에게 조용히 물어보는 일은 의미 있다.

이제는 내가 나를 바라봐줄 차례다

자기 자신과 마주하는 건 누구에게나 어려운 일이다. 그래서 사람들은 바쁘게 살고, 늘 누군가와 함께 있으려 하며, 잠시의 멈춤조차 불편하게 느끼는지도 모른다. 나는 이런 질문을 자주 던진다.

"당신과 똑같은 사람이 옆에 있다면 어떤 말을 해줄 수 있나요?"

대부분은 이렇게 말한다.

"잘하고 있어요. 그 정도면 충분해요."

그런데 막상 자기 자신에게는 그 말을 하지 못한다. 민망해서, 어색해서 혹은 그 말을 들을 자격이 없다고 느끼기 때문이다. 누군가 나에게 "괜찮다"고 말해주지 않는다면, 내가 말하면 된다. 그 말만큼은 내가 나에게 해도 된다. 칭찬이 너무 거창할 필요는 없다. 낯간지러운 위로나 완벽한 문장이 아니어도 된다. 내가 내 마음에 들지 않는 날, 별다르게 잘한 일이 없는데도 불구하고 "그 정도면 괜찮아" 한마디를 스스로에게 건네보자. 그날이 그 한마디가 진짜 필요한 순간일지도 모른다. 잘해서가 아니라, 살아가고 있어서 그리고 여전히 나를 이해해 보려 애쓰고 있어서 그 말을 들을 자격이 있는 것이다.

**"이제는 바쁜 일상 뒤에 나를 숨기지 않고
있는 그대로의 나를 조용히 바라볼 시간이다.
지금의 나를 있는 그대로
바라봐주는 것만으로도 충분하다.
그것이 자기 자신을 지켜주는
가장 단단한 방법이기도 하다."**

취미가 뭐냐는 질문에 선뜻 답을 못 해요

오랜만에 친구들을 만났어요. 다들 회사 얘기, 아이들 얘기, 요즘 즐기는 취미 얘기를 쉴 새 없이 나눴죠. 골프를 시작해 푹 빠졌다는 친구, 주말마다 낚시를 간다는 친구, 캠핑을 한다는 친구까지.

그러다 한 친구가 저한테 물었어요.
"야, 너 요즘 뭐 좋아하냐? 취미 같은 거 있어?"
순간 말문이 막혔어요. 뭐라고 해야 할지 모르겠더라고요.
머릿속이 하얘지면서 그냥 이렇게 대답했어요.
"먹고살기도 바쁜데 무슨 취미냐. 배부른 소리 한다."
그런데 그 옆에 있던 친구가 웃으면서 말하는 거예요.
"얘 복싱 엄청 좋아해서 열심히 한다. 퇴근하고 매일 복싱장 가는 놈이야. 너 그게 취미 아니야?"
"아, 뭐 매일 가긴 하는데, 그게 취미는 아니고…" 하고 저도 모르게 얼버무렸어요.

"야, 임마. 취미도 아닌데 그렇게 열심히 매일 가냐? 너 복싱 좋아하는 거 아니었어?"

"아, 뭐 그런 건 아니고…"라고 또 얼버무렸어요.

친구들과 헤어져서 집으로 가는 길에 그 말이 계속 맴돌더라고요.

"너 취미가 뭐냐? 너 복싱 좋아하는 거 아니었어?"

친구 말대로 저 정말 복싱장 자주 가거든요. 몇 년째, 퇴근해서 밥 먹고 나면 루틴처럼 복싱장에 갑니다. 그렇지만 그걸 '좋아한다', '취미다'라고 생각해 본 적이 단 한 번도 없었어요. 그냥 해야 할 일이라고 여겼어요. 건강은 챙겨야 하고, 딱히 다른 데 관심 있는 것도 아니고, 다른 할 줄 아는 것도 없으니까.

이렇게 열심히 다니면 제가 복싱을 좋아하는 걸까요? 그걸 모르겠단 말이에요. 제가 좋아하는 것에 대해서 한 번도 생각해 본 적이 없어요. 저는 왜 이 나이가 되도록 좋아하는 게 뭔지에 대해서 한 번도 생각을 안 해봤을까요? 아이들에게는 "네가 좋아하는 일을 해"라고 하면서 말이에요.

돌이켜보면 저는 정말 저한테 무관심했던 것 같아요. 어릴 때부터 그랬어요. 제 아버지는 굉장히 엄하셨어요. 말씀하시는 건 무조건 따라야 했고, "이건 왜요?" 같은 대꾸를 했다 간 날벼락이 떨어졌죠. 아버지 말씀대로 하지 않거나 아버지 마음에 안 들면 매도 많이 맞았고요. 제가 뭔가 하고 싶다고 말씀드리면 "그게 될 것 같으냐?", "쓸데없는 소리 말고 시키는 거나 잘해" 이런 퉁명한 대답만 돌아왔어요.

그런 분위기에서 자라다 보니 자연스럽게 제 감정을 접는 게 몸에 뱄어요. 어쩌다 제 의견을 꺼내면 무시당하기 일쑤였고, 결국엔 아버지 뜻에 따라야 했어요. 좋아하느냐, 하고 싶으냐 같은 제 의사 따윈 중요하지 않았어요. 그게 습관이 됐죠.

'나'를 느끼지 않고, '나'를 보살피지 않고, 그저 할 일을 하며 사는 거예요. 그러다 보니 아버지에게만이 아니라, 사회가 요구하는 방식대로, 주어진 틀 안에서, 해야 할 일만 하고 사는 데 익숙해져 버렸어요.

나이 50이 다 돼가는 지금도요. 이제 더 나이 들면 할 일은 적어지고 시간은 많아질 텐데, 다들 자신이 좋아하는 일을 하면서 노후를 살라고 말하잖아요. 저는 그게 걱정이에요. 제가 뭘 좋아하는지 모르니까요. 여태껏 생각해 본 적이 없는데 이제부터 생각한다고 그걸 알게 될까요? 그러고 보니 제가 좋아하는 것만 모르는 게 아니라 저 자신에 대해서도 생각해 본 적이 별로 없었어요.

대체 저는 어떤 사람일까요? 답을 찾을 수 있을까요? 저는 왜 어린아이도 하는 이런 생각을 단 한 번도 하지 못하고 살았을까요?

 마음에 말을 건네다

나를 위해 무언가를 해본 적이 없다

"요즘 뭐 좋아해?"라는 질문에 아무 말도 하지 못했다면, 그건 내가 좋아하는 것이 없다는 뜻이 아니다. 내가 좋아하는 게 무엇인지 생각해 본 적이 없다는 뜻이다.

자신을 위한 무언가를 해본 적이 없다는 사실, 매일 해오던 일조차도 '좋아하는 것'이라 여겨본 적 없다는 자각은 자기 인식의 부재가 아니라 자기 탐색의 문이 이제 열리고 있다는 증거다. 다시 말해 "나는 왜 이 나이가 되도록 나를 몰랐을까? 한심하다"라는 자책이 아니라 "이제 내가 나의 목소리에 귀 기울일 줄 알게 됐다. 나의 내면에서는 어떤 소리가 들리고 있지?"라는 질문을 할 줄 알게 됐다는 뜻이다.

나는 왜 나를 보살피지 않았을까?

많은 사람이 "나는 왜 이 나이가 되도록 나에 대해 몰랐을까?"라고 묻는다. 우리 대부분이 자기 자신을 잘 모르는 것은, 단지 게으름이나 무관심 때문이 아니다. 살아오면서 내면의 욕구를 표현할 기회가 주어지지 않다 보니, 나도 모르게 내 감정과 내 욕구를 무시한 결과다.

정우 씨처럼 어릴 적부터 감정 표현이 허락되지 않는 환경, 질문보다 복종이 먼저였던 가족문화 속에서는 감정을 자연스럽게 표현하기가 어렵다. 이 과정이 반복되면 저절로 자기 감정과 욕구를 외면하게 되고 결국은 자신의 감정과 욕구에 무심해질 수밖에 없다. 감정 표현이 억제되고 자기 욕구를 꺼내는 것이 허용되지 않는 성장 과정은 결국 자기 감정의 망각, 나아가 자기 인식의 결여로 이어진다. 그리고 그무감각은 성인이 된 이후에도 사회가 요구하는 방식에 맞춰 살아가는 습관이 된다. 결국 우리는 자기 자신을 돌보지 못하고 관습대로 살아가게 되는 것이다. 애초에 자기 자신을 돌보는 경험을 해볼 기회조차 주어지지 않았던 탓이다. 이것은 꼭 정우 씨에게 한정된 이야기가 아니다. 지금을 살고 있는 중년 대부분의 이야기다.

"나는 왜 나를 보살피지 않았을까?"라는 질문은 단지 '나를 왜 몰랐는가'가 아니라 "자기 인식은 '무엇을 좋아하는가'라는 질문으로 시작되기도 하지만, 그 질문의 본질은 결국 '나는 누구인가'라는 존재론적 질문으로 향한다. 나에게 이렇게 묻기 시작한 그 순간부터 삶의 방향이 달라진다." 이 질문이야말로 자기 삶의 방향을 바꾸는 첫걸음이다.

나를 몰랐다는 것에서 출발하는 자기 탐색의 시작

나를 몰랐다는 고백은 부끄러운 일이 아니다. 오히려 그것은 자기 탐색이 가능해진 순간에만 할 수 있는 용감한 말이다. '몰랐음'은 무능이 아니라 너무 오래 '보지 못하도록 훈련돼 있었던 결과'이며, 이제는 그 훈련에서 벗어날 준비가 됐다는 징후다.

**"자기 인식은 '무엇을 좋아하는가'라는
질문으로 시작되지만, 그 질문의 본질은 결국
'나는 누구인가'라는 존재론적 질문으로 향한다.
나에게 이렇게 묻기 시작한 그 순간부터
삶의 방향이 달라진다."**

사소한 말에도 상처받아요

제가 제일 싫어하는 게 욕 먹는 일이거든요.

뭐 제 뒤에서는 욕하고 흉봐도 제가 모르니까 상관없는데, 대놓고 제 앞에서 욕을 하거나 흉을 보거나 비난하는 건 정말 못 견뎌요. 어릴 때도 별로 야단맞거나 혼나거나 그래 본 적이 없어요. 부모님 말씀을 크게 어긴 적도 없고, 나름 모범생으로 살았죠. 어른들이 하라는 거 하고, 하지 말라는 건 안 하고, 성적도 괜찮게 나왔고요. 대학을 졸업할 때까지는 욕 먹을 일이 별로 없었어요. 제가 또 친화력도 좋거든요.

사회생활할 때도 크게 어려움은 없는데, 조직 생활을 하다 보면 상사나 동료들에게 이런저런 안 좋은 소리를 들을 때가 있잖아요. 동료들 간에도 상대가 싫어서가 아니라 서로 의견이 다르면 큰 소리도 날 수 있고, 상사가 시키는 일을 아무리 잘해도 그 사람 마음에 안 들 수 있고 하니까요. 저도 다 알죠. 저만 혼나는 게 아니라 누구나 다 한 소리씩 들는 거라는 것도 알고요.

그런데도 상사가 저한테 대놓고 싫은 내색을 한다거나 야단을 칠 때 정말 너무 참을 수가 없어요. 꼭 소리를 버럭 지르거나 크게 야단치지 않더라도 그럴 땐 쥐구멍에라도 들어가고 싶어요. 비난 어린 눈빛만 받아도 어떻게 해야 할지 모르겠어요.

제가 일 처리를 잘못한 것에 대해 상사가 "이 부분이 잘못됐네. 다시 해와"라고 말할 때가 있잖아요. 저도 그게 저를 비난하는 게 아니라는 건 알아요. 그런데도 왠지 비난받는 느낌, 거부당하는 느낌이 너무 강하게 들어서 참을 수가 없어요. 물론 겉으로는 참죠. 그 앞에서 제가 뭐라고 하는 건 아니에요.

그런데 이후에 너무 자괴감이 들고, 속이 상하고, 그런 다음 날엔 제게 싫은 소리를 했던 사람, 비난의 눈길을 보낸 사람의 얼굴을 쳐다보는 것조차 너무나 힘들어요.

머릿속에서 그 장면이 자꾸 재생된다니까요. 상사의 표정, 말투 그리고 그 순간 제가 아무 말도 못 했던 장면까지요. 계속해서 '내가 뭐 그렇게 잘못했나?', '왜 그 사람은 그렇게 말했을까?', '혹시 나를 싫어하는 건 아닐까?' 같은 생각이 꼬리에 꼬리를 물고 이어졌어요.

다음 날 아침에는 출근 준비를 하면서부터 마음이 무거웠어요. 그 상사를 마주칠까 봐 일부러 책상에 먼저 앉지 않고 커피부터 사러 나갔어요. 사무실로 들어가기가 싫더라고요. 그날은 아무렇지도 않은 척했지만 하루 종일 내내 조심스럽게 말했고, 평소보다 더 눈치를 보면서 행동했어요. 혹시라도 또 지적당할까 봐, 또 실망시킬까 봐….

이후로도 실수하지 않기 위해 일에 더 집중했는데, 그럴수록 너무 피곤하고 지치고 힘들더라고요. 몇 날 며칠 동안 생각하게 되고요. 그런데 또 이걸 남들이 눈치챌까 봐 아무렇지도 않은 척 더 웃고 명랑하게 지내려고 하니까 더 힘들어요. 주변 사람들은 이런 제 마음을 전혀 몰라요.

남들은 일상적이니까 그러려니 하고 넘어가는 일에서도 저는 참기가 힘들어요. 그러다 보니 저는 남을 지적하거나 야단치는 일을 잘 안 해요. 그럼 또 뭐라 하죠. 우유부단하다고. 상사가 돼서 부하 직원을 너무 오냐오냐하기만 해도 안 된다고, 아빠가 돼서 아이들 그렇게 다 받아주기만 해도 안 된다고, 여기저기서들 난리예요.

그런데 제가 그 마음 알잖아요. 욕먹는 기분, 비난받는 마음, 그걸 견디는 게 얼마나 힘든지를. 그 이후에 얼마나 자신을 자책하고 질책하고 자괴감이 드는지를. 그리고 다음 날 그 사람을 대하는 게 얼마나 어려운지를. 저는 그걸 아니까, 상대방도 저처럼 그럴까 봐, 그래서 저도 며칠씩 질책하거나 비난하지 않는 거죠.

사람들은 "좋은 게 다 좋은 건 아니야", "따끔하게 이야기해야 할 땐 해"라고 말해요. 충고죠. 저도 알아요. 머릿속으로는요. 그런데 실제 상황에서는 그렇게 쉽게 되지 않아요.

제가 사회생활을 잘 못하냐고요? 아뇨, 저 정말 사회생활 잘합니다. 일 잘하고요. 인간관계 좋고요. 사람들에게 마음 좋은 사람으로 통합니다. 그리고 질책 대신에 차분히 잘 가르쳐주는 선배로, 칭찬 잘해주는 따뜻한 동료로 인정받고 있습니다.

그러니 아무도 이런 저의 마음을 몰라요. 그게 문제죠. 저 혼자만 속앓이하는 거예요. 이 속앓이, 언제쯤 멈출 수 있을까요?

 마음에 말을 건네다

익숙하지 않아서 취약한 것일 뿐이다

조용한 피드백에도 "나를 공격했다"는 반응을 보이는 경우는, 어릴 때부터 긍정적인 피드백만 받고 갈등이나 비난을 마주해 본 경험이 적었던 사람들에게서 흔히 볼 수 있다. 자녀 수가 적고 자녀에게 무조건 공감해 줘야 한다는 강한 사회적 메시지에 익숙해진 부모는 자녀를 야단치지 않으려고 노력한다. 잘못을 지적하는 것과 무작정 혼내는 것은 다른데도 말이다.

부모로부터 싫은 소리 한번 듣지 않고 자라 어른이 되면 사회에 적응하는 것이 쉽지 않다. 모범생으로 자랄수록 더욱 그렇다. 사회는 가정이나 학교와는 다르고, 동료나 직장 상사는 부모나 선생님처럼 나를 바라봐주지 않는다. 어릴 때부터 야단을 맞아본 경험이 적거나 갈등 없는 환경에서 자란 사람은 자연스럽게 비난에 대한 내성이 부족할 수밖에 없다. 비난의 내용이 문제가 아니라 비난받는 상황에 익숙하지 않은 것이다.

직장이나 조직에서 오가는 말들은 대개 '비난'이 아니라 '조율'이거나 '평가'다. 그런데도 그것이 비난처럼 느껴졌다면, 그 말이 유난히 날카로워서가 아니라 내가 아직 그 상황에 적응 중이기 때문일 수 있다. 이럴 때는 '나는 왜 이렇게 약할까?'가 아니라 '내가 이 감정에 아직 익숙하지 않구나'라고 마음을 내려놓고 바라봐야 한다.

실제로 최근에는 작은 비난에도 취약한 사람들, 비난이나 자신에 대한 부정적인 반응에 익숙하지 않은 사람들이 점점 늘어나고 있다. 사소한 지적이나 의견 차이에도 감정이 격해져 분노하거나, 반격하거나, 아예 관계를 끊어버리는 경우도 많다. 이런 반응은 결국 관계 형성과 유지에 어려움을 초래한다.

그런 점에서 이 사례의 주인공인 현영 씨는 겉으로 폭발하거나 관계를 끊기보다 자신의 감정을 조용히 들여다보는 식으로, 오히려 매우 성숙한 대응을 하고 있다. 자신이 비난에 과민하다는 점을 알고 있기만 해도 다음에 유사한 상황에 놓였을 때 이렇게 생각할 수 있다. '지금 이 상황은 나에 대한 공격이 아니라, 단지 의견의 차이거나 내가 한 일에 대한 피드백일 뿐이다.' 이렇게 감정을 해석하는 방식만 바꿔도, 자신이 덜 힘들고 관계도 훨씬 편안하게 이어갈 수 있다.

모두에게 좋은 사람이고 싶은 욕구가 숨어 있을 수 있다

비난을 유난히 힘들어하는 사람은 타인의 평가를 지나치게 의식하는 경향이 있다. 이는 종종 자신도 인식하지 못한 채,

모두에게 좋은 사람이고 싶어 하는 무의식적 욕구에서 비롯되기도 한다. 하지만 모든 이에게 좋은 사람으로 남을 수는 없다. 사람마다 취향이 다르고, 기준도 다르며, 누군가는 단지 감정 상태에 따라 타인을 판단하기도 한다.

내가 모든 사람을 좋아하지 않는 것처럼, 모든 사람이 나를 좋아할 수 없다는 걸 알아야 한다. 아니, 받아들여야 한다. 모두에게 좋은 사람이고자 하는 마음을 내려놓는 순간, 나는 내 감정에 더 솔직해질 수 있고, 남의 평가로부터도 훨씬 자유로워질 수 있다.

나는 싫은 소리를 잘 못하는 사람일 수 있다

살다 보면 타인에게 싫은 소리를 해야 할 때도 있다. 그러나 자신에게 맞지 않는 방식의 표현을 억지로 할 필요는 없다. 하고 싶은 말을 하는 것도 중요하지만, 그로 인해 오히려 마음이 더 불편하다면 그 또한 자기 자신을 보호하려는 반응으로 볼 수 있다.

다만 방식을 바꿔볼 필요는 있다. 싫은 소리라는 게 꼭 화를 내라는 뜻은 아니니까 자기 방식에 맞춰 해야 할 말을 하면 된다. 그것이 친절한 방식일 수도 있고 단호한 방식일 수도 있다. 어느 쪽이든 나에게 편안한 방식이면 된다.

싫은 소리를 잘 못하는 사람이라고 해서 무조건 관계에 손해를 보는 것은 아니다. 이럴 때는 자신을 '왜 이러지?' 하며 자책하기보다 '나는 그런 사람이다'라고 인식하는 것이 중요하다. 비난에 예민하게 반응하는 자신도, 그 상황을 애써 견디고 있는 자신도, 모두 이해해야 할 모습이다.

"내 안의 평화를 찾는 방법은
타인을 통제함으로써 가능한 것이 아니라
내가 왜 이러는지를 아는 것에서 시작한다.
그때가 바로 속앓이가 멈추기 시작하는 순간이다."

남자인데 여자 모임이 더 편해요

제가 모임이 좀 많아요. 그게 한 5, 6개 되는데 대부분이 여자로 구성된 모임이에요. 저는 남자인데도 남자들과 어울리는 것보다는 여자들과 함께 있는 게 훨씬 더 편하고 즐겁더라고요. 물론 20대 중반쯤이던 때에는 남자 동기들이랑 술도 마시고 어울려 다니기도 했지만, 그때도 저는 여자 동기들과 굉장히 친했어요. 지금은 40 넘은 나이가 됐는데도 그건 여전해요.

요즘 남자 친구들하고 모이면 별로 재미가 없어요. 대화 주제도 시시껄렁하고, 각자 자기 얘기만 하거든요. 축구, 정치, 스포츠, 자랑, 그러다 마지막엔 옛날 옛적 군대 얘기… 누가 얘기해도 잘 들어주지는 않고 다들 자기 할 말만 하니까 저는 그 자리가 재미없더라고요.

그런데 여자들과 있으면 좀 달라요. 누군가가 속상하다고 하면 "맞아, 나도 그랬어" 하며 같이 공감해 주고, 기분 좋다고 하면 같이 기뻐해 주는 분위기잖아요. 저는 그런 게 참 좋아요. 그래서인지 지금 참여하는 동호회 대부분은 여자 회원이 많아요. 여자가 많은 모임은 일단 서로 안부도 묻고, 수다도 좀 떨고, 활동도 열심히 해요. 그러고도 다들 집에 일찍 들어가야 하니까 뒤풀이가 짧고 담백해서 좋아요.

저는 그런 게 나쁘지 않아요. 그 덕에 와이프 눈치 안 보게 일찍 들어갈 수 있고요.

여행을 가거나 모임에 나가면 저 혼자만 남자인 경우도 많아요. 그럴 때 모임 회원 중 누군가는 "거기 남자 있었어?" 이런 식으로 장난스럽게 묻기도 하고, 심지어 저한테 "언니라고 부르고 싶다"는 말도 해요. 이런 얘기를 남자 친구들에게 하면 부럽다면서도 한편으론 너무 여자를 밝히는 거 아니냐, 그러다 제수씨한테 쫓겨난다, 라며 놀리기도 하는데요.

굳이 이유를 찾는다면 그냥 단지 남자들끼리의 과시와 경쟁, 이야기의 방식이 저한테는 잘 맞지 않는 것뿐이에요. 반면에 여자들과의 대화는 수다가 많고, 감정적인 연결도 있고, 서로의 이야기에 귀 기울여주는 분위기가 왠지 편안하다는 거죠.

저와 동호회를 같이하는 남자 회원에게 어느 날 제가 이런 얘기를 했더니 그 친구도 공감한다고 하더라고요. 그 친구도 여자들과 함께 있을 때가 훨씬 더 편하고 마음을 나누기도 쉽다는 거예요. 자기 얘기를 하다 보면 판단이나 충고가 돌아오는 게 아니라, "아, 그랬어?", "나도 그런데!"라는 반응이 돌아오니 마음이 편안하다면서요.

"나는 정치나 군대, 스포츠 같은 것보다는 지금을 살아가는 친구들의 현실 이야기, 서로의 감정이나 삶을 나누고 싶거든. 여자들은 그런 얘기를 하더라고. 그래서 여자들과의 모임이 더 좋아. 수다도 재미있고, 서로의 안부를 묻고, 내 말도 들어주고. 그게 내가 계속 여자들이 많은 모임을 이어가는 이유야"라면서 자신이 이런 스타일이라는 걸 최근에서야 알게 됐다고 했어요. 이걸 깨닫고 나니 재미없는 모임에 나가지 않아도 되는 확실한 이유가 생겨서 오히려 기쁘다고 했는데, 그게 딱 제 마음이더라고요. 제가 남자든 여자든, 중요한건 제가 그 시간 안에서 얼마나 편안하냐는 거니까요.

저는 그냥, 말이 잘 통하고 서로의 삶을 나눌 수 있는 사람들과 함께 있고 싶어요. 여자들 중에 그런 스타일이 많다 보니 여자 위주의 모임에 더 많이 참석할 뿐이죠.

마음에 말을 건네다

관계의 편안함은 성별이 아니라 방식에서 온다

우리는 종종 "왜 나는 동성보다 이성과 있을 때 더 편할까?" 혹은 "왜 남들처럼 동성과 친하지 못할까?"라는 질문을 한다. 이것은 '내가 이상한가?'라는 의심이 아니라 '나는 어떤 관계에서 더 편안한가'를 알아가는 과정에서 자연스럽게 나오는 질문이다. 어떤 사람은 이성과 있을 때 더 편하다고 느끼고, 어떤 사람은 동성과 있을 때 더 자기다워진다. 또 어떤 사람은 나이가 들면서 그것이 달라지기도 한다.

편안함의 방식은 시기에 따라 달라질 수 있다

한 여자분이 말하길, 자기는 젊은 시절에 여자보다 남자들과 어울리는 것이 더 편했다고 한다. 그 이유가 감정에 민감한 여자 친구들 사이에서는 사소한 일에도 섬세하게 반응하고 신경 써야 하는 분위기라 어려웠는데, 그에 반해 남자들은 감정에 크게 신경 쓰지 않아 오히려 마음이 편했기 때문이란다.

그 시절엔 아마도 "내숭 떤다", "꼬리친다"라는 식의 비난을 받기도 했을 것이다. 이런 경험이 많은 여성들은 자기는 단지 여성들의 소통 방식이 어려워서 적응하지 못했을 뿐인데 오해를 받으니 꽤나 속상했었고, '나는 왜 여자 친구들을 어려워할까? 내가 진짜 남자를 밝히나? 남자들에게 잘 보이고 싶은 건가? 꼬리를 치는 건가?' 하고 자신을 의심하기도 했었단다.

그런데 시간이 흐르고 나이를 먹으면서 어느 순간부터는 여자들과 있는 시간이 훨씬 편해졌다고 한다. 지금은 감정을 나누고 일상 이야기에 공감해 주는 여성들과의 관계 안에서 훨씬 편안함과 따뜻함을 느낀다고 했다. 이렇듯 자기도 모르게 편안함을 느끼는 성별이 달라지기도 한다.

정서적 안전감이 편안함의 핵심이다

우리는 종종 "남자야, 여자야?", "이성과 더 잘 통해, 아님 동성과 더 잘 통해?" 같은 질문을 던진다. 하지만 중요한 건 성별이 아니라, 어떤 방식으로 관계 맺을 때 내가 편안함을 느끼고 나답게 존재할 수 있는가다. 누군가와 함께 있을 때 '편하다'고 느끼는 가장 결정적인 이유는 바로 정서적 안전감 때문이다.

"내 감정을 말해도 괜찮은가?", "내 말이 평가되지 않고 수용된다고 느끼는가?"라는 질문에 "그렇다"고 답할 수 있을 때, 우리는 그 사람과의 관계 안에서 마음을 열 수 있고, 정서적으로도 더욱 안전감을 느낄 수 있다. 정서적 안전감이 높아지는 관계에서 우리는 더 자기다워지고, 내가 어떤 사람들과 어떤 방식으로 관계 맺는 것이 편한지도 자연스레 알게 된다.

사람이 관계를 맺는 방식은 저마다 다르다. 이를 관계 스타일이라고 한다. 누군가는 감정 중심적이고 공감적인 대화를 선호하는가 하면, 누군가는 과업 중심적이고 분석적인 대화에 더 편안함을 느낀다. 이 차이는 성별의 문제가 아니라 개인의 성향과 선호의 문제다.

따라서 "나는 왜 동성(혹은 이성)과 있을 때 더 편할까?"라는 질문은 사실상 '나는 어떤 관계 스타일을 선호하는 사람인가'라는 자기 이해의 중요한 단서다. 내가 어떤 '대화의 결' 안에서 나다워지는지를 알아가는 것, 그것이 진짜 자기 이해의 출발점이다.

관계의 전환점을 만들어가는 존재

우리는 종종 '성별'로 관계를 구분하려 하지만, 정작 중요한 건 성별이 아니라 관계의 방식이다. 수직적인 위계, 과시와 경쟁 중심의 대화보다 서로의 이야기에 반응하고 감정을 나누는 수평적 대화 안에서 더 나다워지는 사람이 있다면, 그것이 동성이든 이성이든 그건 그 사람에게 맞는 관계 스타일일 뿐이다.

덕현 씨와 같은 사람들의 존재는 그 자체로 의미가 있다. 많은 남자가 사적인 이야기를 나누는 데 익숙하지 않고, 감정을 표현하는 법을 배우지 못한 채 성장해 왔다. 그런 점에서 이런 수평적 대화를 통한 관계 맺기를 시도하는 누군가는, 그 사회 안에서 감정을 나누는 남성의 모델이 돼주고 있는 것이다.

"왜 나는 이성과 더 친할까?"라는 질문은 "나는 어떤 관계에서 더 편안할까?"라는 질문의 다른 표현이다. 이 질문에 대한 답은 하나가 아니다. 시대에 따라, 나이에 따라, 삶의 상황에 따라 계속 달라질 수 있다. 그러니 스스로에게 너무 이른 결론을 내릴 필요도 없다. 지금 중요한 건 단 하나, 나는 어떤 방식의 관계에서 가장 나다워지는지를 아는 것이다.

"자신의 관계 방식을 돌아보고
무엇이 나를 편하게 만드는지,
어떤 상황에서 내가 나다워지는지를 자각하는 것.
그것이 바로 자기 이해의 시작점이다."

친구 관계에서도 옳고 그름을 따져요

이상하게 나이가 들수록 친구 관계를 유지하는 게 점점 어려운 일이라는 생각이 들어요. 어릴 땐 불편해도 그냥 넘겼고, 마음에 안 들어도 친구니까 참기도 했는데, 지금은 그런 게 잘 안 돼요. 저는 다정한 사람이 못 돼요. 좀 냉정한 편이고, 입바른 소리도 잘하고, 원리 원칙대로 사는 사람이에요.

이번에도 오래전 친구에게 부고가 왔는데 고민이 되더라고요. 그 친구는 몇 년 전 친구들과 싸우고 연락을 끊은 뒤로 모임에도 안 나왔어요. 그런데 갑자기 아버지 부고 소식을 단체 문자로 보낸 거예요. 다른 친구들도 당황했죠. "그동안은 연락도 없더니, 갑자기?"라는 반응이었어요.
솔직히 장례식장에 가는 게 어려운 일은 아니에요. 부조한다고 큰돈이 드는 것도 아니고요. 하지만 저는 그 친구가 평소 다른 사람 경조사에도 나타나지 않았던 게 마음에 걸렸어요. 이번에 그냥 일방적으로 알리기만 한 것도 마음에 들지 않았고요.

친구가 이러면 안 되는 거 아니에요? 최소한 단체로 부고를 알렸으면 이런 사정이 있었다, 정도는 말해야 하는 거잖아요. 아무 말 없이 단체로 부고 문자 한 통 보내버리는 건 예의가 아니죠.

이런 생각을 하고 있는데 친구들한테 계속 연락이 오더라고요. "너는 어떻게 할 거야?"라고 말이죠. 다들 얄밉긴 한데 그냥 간다고 하더라고요. 혹시 안 가면 나중에 뒷말 돌 수도 있으니까요.

저도 그런 게 걱정돼요. 저 혼자만 가지 않으면 나중에 소문이 나지 않을까 싶기도 하고요. 고민하다가 딸에게 슬쩍 물어봤어요. 상황이 이런데 어떻게 하는 게 좋겠냐고요.

"예은아, 엄마가 이상한 거지? 다른 친구들은 얄밉고 경우가 아니라 생각하지만 그래도 다녀온다는데, 나는 영 그게 안 되거든. 이런 마음으로 가는 게 더 이상한 거 아니니? 내가 너무 냉정한 사람인가 봐. 친구 관계가 점점 더 어려워지는 것 같아."

그 말을 들은 딸이 조용히 말했어요.

"엄마는 냉정한 사람이 아니야. 표현이 살갑지 않아서 그렇지 누구보다 다정한 사람이야. 엄마가 그 친구분 아플 때 음식 해다 주고, 다른 친구들은 못 본 척할 때 이삿짐 싸고 푸는 것도 도와줬잖아. 또 아픈 친구 있으면 음식 챙겨주고, 혼자 사는 친구 외로울까 봐 엄마가 나서서 서로 연락하자고 말하고. 여행 갈 때도 엄마가 늘 운전해서 친구들 다 데려다주고 돌아서 오잖아. 나는 엄마가 그러는 거, 어릴 때부터 봐왔는걸. 엄마는 절대 냉정한 사람이 아니니까 걱정 말고 엄마 생각대로 해."

그 말을 듣는데, 왜 그런지 모르게 눈물이 났어요. 쑥스러운 마음에 "어머, 왜 그 말을 들으니 눈물이 나니? 나 갱년긴가 봐"라고 얼버무리니 딸이 덧붙였어요.

"갱년기라서가 아니라 아마 엄마 마음에 있던 말을 내가 대신 해줘서 그런 거 아닐까?"

그 순간 마음이 참 편안해졌어요. 제가 정말 냉정한 사람은 아니었나 봐요. 저는 늘 '내가 냉정한 건 아닐까?' 생각하며 살았는데, 그제야 잠시 마음을 내려놓을 수 있었어요.

딸 얘기를 듣고 곰곰 생각해 보니, 저는 냉정한 사람은 아닌 것 같아요. 그런데 아직도 가끔 이런 생각이 들어요.

'혹시 나는 살갑지 못해서 사람들과 멀어지는 게 아닐까? 아니면 정말 조금 까칠한 사람인 걸까?'

마음에 말을 건네다

다정하지 않은 나는 이상한 걸까?

다정하지 않은 성격을 단점이라고 여기는 사람이 많지만, 다정한 사람은 그런 성격을 단점이라고 느끼지 않는다. 왜 많은 사람이 다정하지 않은 성격을 '결함'처럼 느낄까? 그리고 그런 사람은 실제로 다정하지 않은 걸까?

우리는 흔히 말투가 부드럽고, 자주 웃고, 살갑게 대하는 사람을 '다정하다'고 생각한다. 반대로 말수가 적고, 원칙을 중시하고, 감정을 쉽게 드러내지 않는 사람은 '냉정하다'고 생각한다. 정말 그럴까? 사전에서 '다정하다'와 '냉정하다'의 의미를 찾아보니 다음과 같다.

"다정하다: 정이 많다. 또는 정분이 두텁다."

"냉정하다: 태도가 정다운 맛이 없고 차갑다."

핵심은 '정'이다. 그럼 정은 또 무엇일까?

"정: 느끼어 일어나는 마음. 사랑이나 친근감을 느끼는 마음."

결국 중요한 건 마음이다. 말이나 행동이 아니라 마음인 거다. 다정함은 말이 아니라 마음의 방향에서 온다. '내가 그 사람을 아끼고 있는가, 그 마음을 어떻게 표현하고 있는가' 하는 것이 다정한 사람인지 냉정한 사람인지를 판단하는 기준이다. 어떤 사람은 살가운 표정과 말투로 다정함을 표현하고, 어떤 사람은 조용히 행동으로 마음을 전한다. 이 중 누가 더 다정한 사람이라고 할 수 있을까?

말이 서툴러도, 표현이 적어도, 마음의 방향이 따뜻하다면 그 사람은 충분히 다정하다.

다정함은 마음이 향하는 방식이다

원리 원칙을 중요하게 여긴다고 해서, 옳고 그름을 따진다고 해서 그 사람이 다정하지 않은 것은 아니다. 반대로, 상대의 어려움을 이해하려 하지 않으면서 말투만 친절하다면 그 사람은 다정한 것이 아니다. 그러니 더 이상 '다정함' 혹은 '냉정함'이라는 단어에 집착하지 말자. 중요한 것은 내 마음속에 상대에 대한 존중과 따뜻함이 있느냐.

표현은 사람마다 다르다. 무뚝뚝하게 말해도 진심이 담기면 그 말은 힘이 있다. 사랑스럽게 말해도 진심이 없다면 단지 허공에 떠도는 메아리일 뿐 그 말은 힘이 없다. 진짜 다정함이 아니다.

다정한 사람이 된다는 것

정미 씨는 평생을 '나는 냉정한 사람이야'라고 생각하며 살았다고 한다.

그런데 정말 냉정한 사람은 자신이 냉정한지를 고민조차 하지 않는다. '나는 냉정한 사람인가, 까칠한 사람인가'를 고민한다는 건 이미 냉정한 사람이 아니라는 뜻이다. 따뜻해지고 싶은 마음이 있다는 뜻이다. 중요한 건 '나는 다정한 사람이 되고 싶은가, 그렇다면 그 마음을 어떻게 표현하고 싶은가'를 살피는 것이다.

내 마음은 정이 넘치지만, 행동으로 표현하는 게 어려울 수 있다. 살아온 환경이 그럴 수도 있고, 타고난 성향이 그럴 수도 있다. 그건 표현 방식의 차이일 뿐이다. 그러니 누가 "너는 너무 무뚝뚝해", "너는 너무 원리 원칙 주의자야"라고 말할 때 크게 흔들리지 않아도 된다. 내 따뜻함에서 기인한 말과 행동이었다면 그것으로 충분하다.

그럼에도 계속 진심을 몰라주고 무뚝뚝하다고, 무심하다고 타박한다면 그 사람이야말로 냉정한 사람이다. 다정한 말투로 남의 마음을 얼어붙게 하는 것만큼 냉정한 게 없으니 말이다.

"엄마는 절대 냉정한 사람이 아니니까 걱정 말고 엄마 생각대로 하세요." 딸처럼 이렇게 조용히 건네는 한마디가 마음을 바꾸기도 한다. 누구나 마음속에 다정함도 있고 냉정함도 있다. 얼음도 있고 불도 있다.

진짜 다정한 사람은 상대의 얼음을 말과 행동으로, 진심을 담아 녹여 주는 사람이다.

하지만 내 마음은 불덩이처럼 뜨거운데 많은 사람이 차갑다고 느낀다면, 한 번쯤 돌아봐야 한다. '내가 마음만 앞서고 그 마음을 전하지 못했던 건 아닐까?' 하고 말이다. 나의 다정함은 상대의 얼음을 녹이기 위한 것이기도 하지만, 내 마음속 얼음을 녹이기 위한 것이기도 하니까. 이제 나에게 질문을 던질 차례다.

'내 마음속 다정함은 지금 누구를 향하고 있을까?'

"다정함은 말투에 있지 않다.
다정함은 결국, 마음을 건네려는 용기다.
그게 말이든, 행동이든 혹은 조용한 기다림이든."

Chapter 2.
억눌린 욕망과 애정결핍

내 안에 표현하지 못한 욕구가 있었어요

제가 원래 뭘 막 하고 싶은 욕구가 강한 편은 아니에요. 누구한테 뭘 하고 싶다, 하고 싶지 않다 같은 말을 별로 못 해 봤어요.

그런데 요즘 들어 친구나 가족들에게 '내 욕구를 드러내는 나'를 발견한 거예요. 그게 참 어색하더라고요. '나 원래 이런 사람 아닌데 왜 나 이거 하고 싶다, 이거 먹고 싶다, 이런 거 싫어한다, 이런 거 좋아한다 같은 말을 자꾸 하는 거지?' 하는 생각이 들고, 그런 제가 부끄럽기도 하고, 말하고 나서 후회되기도 하고요.

갱년기라서 그런 걸까요? 사춘기 때도 안 그랬는데, 이런 제가 낯설어요. 사실 좀 버겁기도 하고요. 이런 욕구가 있는 제가 낯선 건지, 그걸 표현하는 제가 낯선 건지도 모르겠어요.

그런데 생각해 보니까 저한테 뭔가 하고 싶은 마음이 영 없었던 건 아닌 거 같아요.

여덟 살 땐가, TV 쇼 프로그램을 보고 있었거든요. 가수가 노래를 부르고 뒤에서는 무용단이 아주 해괴한 춤을 추고 있었어요. 온몸을 흔들면서요. 그때 식구들과 다 같이 TV를 보다가 저는 슬그머니 일어나서 방 밖으로 나갔어요. 그러고는 아무도 안 보이게 방문 뒤에 숨어 서서 TV 속 무용수들을 따라 춤을 췄던 기억이 나요. 눈으로는 방 안의 TV를 보면서 두 팔을 올리고 온몸을 흔들며 춤을 췄어요. 그때 마음은 방에서 누가 나올까 봐 조마조마했죠. 그게 굉장히 오랫동안 기억에 남아 있어요.

초등학교 4학년 때는 피아노를 배우고 싶었어요. 저랑 가장 친한 친구가 피아노 배우는 걸 보고 저도 하고 싶었어요. 제가 그 친구보다 노래도 잘하고 음악적인 재능도 뛰어나다고 생각했는데, 그 친구는 피아노를 치고 저는 못 치는 게 너무 속상했어요. 그런데 그걸 엄마한테 말하지 못했어요. 지금은 그때 말을 했더라면 배우게 해주시지 않았을까 하는 생각이 들어요.

중고등학교 때는 반장을 하고 싶었어요. 그런데 한 번도 적극적으로 나서지 못했어요. 친구들이 추천을 하면 저는 매번 사퇴하고 말았죠. 엄마가 항상 "네가 반장을 해도 엄마가 뒷바라지해 줄 수 없으니 반장 같은 건 아예 하지 마라"라고 하셨거든요. 저는 말로는 반장 같은 건 안 하고 싶다고, 그런 건 부끄럽다고 했지만, 사실은 저도 반장을 하고 싶었던 거 같아요.

합창대회에서 지휘할 사람을 뽑는데, 하고 싶은 사람 손 들라고 했을 때 제가 정말 하고 싶었거든요. 그런데 손을 못 들었어요. 결국 지휘는 다른 친구가 하게 됐고, 저는 파트장에 만족해야 했죠. 매년 그랬어요.

이렇게 보니 제가 뭔가를 하고 싶은 욕구가 강한 사람이었네요. 그런데 그걸 참는 경우가 차곡차곡 쌓이면서 언젠가부터는 욕구가 생겨도 겉으로 표현하지 않는 건 물론 제 안의 욕구도 무시하게 된 것 같아요.

그러던 제가 나이 40이 넘으면서 이제는 주위 눈치를 덜 봐도 되니까 제 안의 소리에 귀 기울이게 된 걸까요? 지금까지 생각해 보지 못했던 하고 싶은 일들이 막 생기고, 사람들에게 "나 이거 좋아", "싫어", "내가 할게" 같은 말을 하는 저를 발견하게 된 거예요.
'나 왜 이러지?', '나 이런 사람 아닌데 죽을병에 걸렸나? 갱년기라 그런가?' 같은 여러 가지 생각을 했는데, 이렇게 얘기하다 보니 알겠네요.

저는 욕구가 없는 사람이 아니라 욕구가 있었는데 그걸 표현하지 못했던 거네요. 그러다 보니 욕구가 알아서 고개를 숙였나 봐요.

이제 여러 가지 욕심과 욕구와 하고 싶은 일이 생긴 저를, 어떻게 받아들여야 할까요? 이걸 드러내도 될까요?

 마음에 말을 건네다

내 안의 목소리에 귀 기울이지 못했던 이유

초등학생들과 수업하다 보면 정신이 없다. 너도나도 발표하겠다고 손을 들고 "저요, 저요! 선생님, 저도요"라며 자기표현을 주저하지 않는다. 그러다 고등학생이 되면 분위기가 달라지는데, 대답하는 학생이 한 반에 두세 명뿐이다. 성인 강의에서는 질문에 답하는 사람을 찾는 게 더 어렵다.

그래서 나는 궁여지책으로 모든 질문을 객관식이나 OX 퀴즈로 바꾸고, 손을 들어도 절대 질문하지 않겠다는 약속을 한다. 그저 몇 명이 손 들었는지만 확인할 테니 제발 손을 들어달라고 말이다.

왜 나이 들수록 자기 의견을 말하지 않게 되는 걸까? 이유는 단순하다. 손 들고 말해서 좋았던 기억이 별로 없기 때문이다. 발표하고, 말하고, 표현했다가 야단맞거나 부정적인 반응에 부딪혔던 경험이 쌓이면 점점 위축이 된다. 그러면서 표현하기를 피하게 되고, 나중엔 하고 싶은 말이 있어도 입을 닫는다.

그렇다고 나를 표현하고 싶은 욕구가 아예 사라진 게 아니다. 우리는 누구나 여전히 자기표현의 욕구를 갖고 있다. 그 욕구를 표현했을 때 인정받고, 칭찬받고, 긍정적인 반응을 얻었다면 우리는 더 자주, 더 자신 있게 말하게 됐을 것이다.

무언가 하고 싶었던 순간들

이 말을 들은 지현 씨는 한동안 생각에 잠기더니 조심스럽게 말했다.

"맞아요. 제 동생이 굉장히 까불까불했거든요. TV에서 노래가 나오면 따라 부르거나 춤을 추는 걸 좋아했는데, 엄마 아빠가 점잖지 못하다고 혼내셨어요. 저는 그걸 보면서 '아, 저러면 안 되겠구나' 생각했던 것 같아요. 저는 또 언니였으니까요. 엄마는 항상 동생들에게 '언니 좀 닮아라. 얼마나 점잖니'라고 하셨거든요."

그녀는 또 말했다.

"말 잘 들을 때 칭찬받았으니까, 모범적인 언니가 되고 싶었던 것 같아요. 그러다 보니 제 안에서 뭔가 하고 싶은 마음이 생겨도 표현을 안 하게 되고, 그런 제 마음에 귀 기울이지 못했죠. 지금 와서 생각해 보니 왜 그랬을까 싶어요."

여러 욕구 사이에서의 선택

그땐 그럴 수밖에 없었을 거다. 부모님께 인정받고 싶은 마음이 더 절실했고, 그래서 다른 욕구는 미뤄졌던 거니까. 괜히 그 시절의 나를 야단치지 않아도 된다. 그땐 그랬고 지금은 다르다는 걸 알게 된 것만으로도 충분하다.

어릴 때 나는 뭔가를 하거나 표현하고 싶은 욕구가 별로 없는 사람인 줄 알았다. 뭔가를 절실하게 하고 싶다고 느끼지도 않았고, 굳이 주장하고 싶다는 생각도 별로 안 했다. 그래서 '나는 원래 그런 사람인가 보다' 하고 넘긴 적도 많았다.

그런데 지금은 다르다. 요즘은 하고 싶은 것도 많고, 먹고 싶은 것도 많고, 싫은 건 싫다는 말도 한다. 나 원래 이런 사람 아니었는데 싶어서 당황스럽기도 하고, 때로는 부끄럽기도 하다. 그래서 가만히 들여다보면, 욕구가 없었던 게 아니다. 예전에도 있었지만 알아채지 못했던 거고, 알아채더라도 표현하지 않았던 것뿐이다.

왜 그랬을까? 그때는 하고 싶은 마음보다 다른 마음이 더 컸던 거다. 예를 들면 부모님께 인정받고 싶은 마음. 춤을 추고 싶었지만 엄마에게 까분다는 소리를 듣는 게 더 무서웠고, 지휘하고 싶었지만 튀는 행동을 하면 아빠가 눈치 주는 분위기가 싫었다. 내가 욕구를 꾹 누른 이유는 그저 '조용하고 욕심 없는 사람이라서'가 아니라 다른 욕구가 더 컸기 때문이다. 좋은 딸이 되고 싶은 욕구, 부모님께 인정받고 싶은 욕구가 더 컸다.

나는 욕구도 없고 표현도 못 하는 사람이 아니라, 내 안의 여러 욕구 중에서 그때그때 필요한 욕구를 선택한 사람이었다.

지금은 표현할 수 있는 사람이 됐다는 것

지금 내가 하고 싶은 걸 자꾸 말하게 되는 건, 성격이 바뀌거나 갑자기 내가 이상해졌기 때문이 아니다. 이제는 예전과는 다른 욕구가 더 커졌기 때문이다. 지금은 인정받고 싶은 마음보다 나를 표현하고 싶은 마음이 더 크고, 남의 기준보다 내 마음이 더 중요하게 느껴지는 시기여서 그렇다. 그러니 지금의 이 변화는 낯설어도, 어색해도, 충분히 자연스럽고 괜찮은 변화다.

"'이제 욕구의 순서가 바뀌었구나.
나에겐 늘 많은 욕구가 있었구나.
지금은 이렇게 하고 싶어 하는구나.'
그렇게 내 마음을 알아주는 것,
그게 지금 나에게 가장 필요한 일이다."

순간순간 아직도 쭈뼛거리는 나를 발견해요

어릴 때 저는 부끄러움이 많고 남 앞에 나서는 걸 굉장히 어려워했어요. 제 의견을 크게 말하는 것도 잘 못했고요. 주변에 저를 도와주는 사람이 많았는데, 고맙다는 말은 잘해도 먼저 도와달라고 하진 못했어요. 그래도 어른이 되고 나서는 많이 달라졌다고 생각했죠. 의견을 말하고, 나서서 일을 하고, 발표를 하는 게 제 일이니까요. 예전의 '쭈뼛거리던 나'는 이제 없다고 믿었거든요.
그런데 어느 날 문득 그 모습이 다시 튀어나올 때가 있어요. 그럴 때마다 너무 당황스러워요.

얼마 전에 친구가 자전거를 타러 가자고 했는데 하필 고장 나서 탈 수가 없었어요. 친구에게 "고장 나서 못 타"라고만 말했죠. 고장 난 건 제 자전건데 답답한 건 친구였나 봐요. 갑자기 자기 차에 자전거를 싣고 수리하러 가자는 거예요. 친구는 자전거를 싣더니 수리점에 가서는 혼자 척척 고치고 설명도 해줬어요. 다 끝낸 다음엔 "이 쉬운 걸 왜 안 고치고 그냥 뒀어?"라고 하더라고요.

사실 그 말보다 더 민망했던 건, 그 상황 내내 저는 아무것도 하지 못하고 그냥 서 있기만 했다는 거예요. 자전거 수리를 마친 친구가 "한번 타봐"라고 할 때도 괜히 쑥스러워서 핸들만 만지작거리다가 페달 한번 밟고는 얼른 "괜찮은 것 같아"라고 말했어요. 물론 친구는 별다른 말을 덧붙이지 않고 괜찮다니 다행이라고 했지만 자괴감이 드는 건 어쩔 수 없었죠. '왜 나는 내 일인데도 이렇게 쭈뼛거릴까?' '왜 아직도 남 일 보듯 어쩔 줄 모르고 멀뚱멀뚱 서 있기만 하지?' 이런 생각을 하면서요.

자전거를 고치고 집에 오는 동안 문득 떠올랐어요. 얼마 전 친구 소개로 만난 사람들과 식사를 하게 됐는데요. 다들 아는 사이였고 공통점이 있는 사람들이었거든요. 그런데도 저는 굳이 구석자리로 가서 말 한마디 끼어들지 않고 그저 조용히 밥만 먹었죠. 그때 말없이 밥만 먹은 게 문제가 아니라 그 시간 내내 어색하고, 불편하고, 어쩔 줄 몰라 하는 저 자신이 문제였어요. '아, 초등학교 때의 나에서 한 발자국도 벗어나지 못했구나' 하는 자괴감 같은 거?

가족이 캠핑을 갔을 때도 그랬어요. 형제들은 각자 할 일을 척척 해내는데, 저는 뭘 해야 할지 몰라서 눈치만 보다가 결국 엄마한테 혼났거든요. "넌 어쩜 다들 일하는데 아무것도 안 하고 앉아 있기만 하니?"라고요. 근데 저는 정말 일하기 싫어서 그런 게 아니라, 뭘 어떻게 해야 할지 몰라서, 괜히 뭘 해야 하냐고 물어보고 움직이다 오히려 방해가 될까 봐 쭈뼛거리다 그 자리에 앉아 있었던 거거든요.

이 나이에도 엄마한테 혼나서 속상한 게 아니라, 여전히 어릴 때와 달라진 게 없이 어린애 같고 어른스럽지 못한 나를 발견한 게 화가 났죠. 이제는 다 극복했다고 생각했는데, 아니었어요.

이런 장면들을 떠올릴 때마다 '여전히 내 안에는 그 쭈뼛거리는 아이가 있구나' 싶어요. 그걸 확인할 때마다 당황스럽고, 속상하고, 화가 나기도 해요. '나는 아직도 어른이 못 된 걸까? 아니, 아직도 내 삶의 주인이 못 된 걸까?' 그런 생각이 밀려오면서 자책하게 돼요.

저도 이제는 제 일은 척척 알아서 하고, 어떤 상황에서도 자신감 있게 행동하고 싶어요. 그런데… 저는 언제쯤 이 어색함과 쭈뼛거림에서 완전히 벗어날 수 있을까요?

지금의 쭈뼛거리는 나는 어디서 온 걸까

누구나 쭈뼛거리는 순간이 있다. 어색한 상황이나 낯선 사람들 앞에서 한발 물러서는 자신을 발견하게 될 때가 그렇다. 특히 오랜 시간을 보내며 그 성향을 극복했다고 믿어왔을수록, 여전히 그런 나를 다시 발견했을 때의 당황스러움은 더 크다.

하지만 쭈뼛거리는 나를 무조건 없애야 할 '과거의 그림자'로만 볼 필요는 없다. 그것은 여전히 내 안에 살아 있는 자연스러운 반응이자, 그래서 어떤 상황에서는 다시 모습을 드러내게 되는 나의 일부이기도 하다. 그런 나를 억지로 지우기보다는 "그럴 수 있지" 하며 인정하고 받아들이는 태도가 먼저다.

"나는 왜 쭈뼛거릴까?"라는 질문을 던져보면, 돌아오는 답에서 의외로 많은 감정이 숨어 있음을 알게 된다. 말실수를 두려워해서일 수도, 나서다가 민망했던 기억 때문일 수도 있다. 혹은 어린 시절 뭔가 해보기도 전에 "넌 빠져"라는 말을 듣고 조용히 멈춰버린 경험이 반복돼 온 것일 수도 있다. 혹은 그냥 성향이 그런 것일 수도 있다. 이유는 다양하지만, 내 쭈뼛거림의 뿌리를 알게 되면 그 상황에서 나를 조금 더 이해하고 보듬을 수 있게 된다.

사실 쭈뼛거림으로 인해 어색하고 어쩔 줄 몰라 하는 이 느낌은 누구보다 내가 잘 아는 감정이다. 분명히 강의할 땐 괜찮은데, 강의가 끝난 뒤 모인 식사 자리에서 나의 그런 모습을 드러내곤 한다. 특히 개인적인 질문을 받았을 때 그렇다. 그런 순간에는 내 안에 아직도 자리 잡고 있는 어린 아이를 보는 기분이 들어 나에게 실망하기도 한다. 그럴 때마다 '아직도 나는 마음의 성장이 필요하구나'라고 생각하게 된다. 동시에 이런 주문을 외운다.

"어색한 건 나뿐이다. 다른 사람들은 아무렇지도 않다. 나만 나에게 자연스러우면 된다."

이 짧은 말이 나에게 용기를 주는 주문이 되기도 한다.

내 모습이 힘들게 느껴질 때

민영 씨는 그 이유를 정확히는 모르겠지만, 무언가를 잘해내고 싶은데 그렇게 되지 않을까 봐 걱정하는 마음 때문인 것 같다고 했다. '남들이 나를 어떻게 생각할까?'를 너무 의식해서인 것 같다고도 했다. 어떤 이유라도 그럴 수 있다. 중요한 건 내가 그 이유를 알아채는 것이다. 그렇게 나의 쭈뼛거림을 이해하는 순간, 자신을 좀 더 다정히 바라볼 수 있게 된다. '아, 내가 지금 긴장했구나. 그럼 긴장을 풀어야겠다',

'지금 내가 남의 눈을 너무 의식하고 있구나. 괜찮아, 나답게 해도 돼'라고 자신을 이해할 수 있으면 된다.

쭈뼛거리는 것 자체가 잘못은 아니다. 그럼에도 그 모습이 반복되면서 '나는 왜 이럴까?', '나는 왜 여전히 눈치만 볼까?'라는 식의 자책으로 이어질 때, 그 감정은 나를 위축시키고 스스로를 미워하게 만든다. 그럴 때는 문제를 고치려 하기보다는 '지금 내가 어떤 감정을 느끼고 있는지'를 알아차리는 연습이 먼저다. 내가 쭈뼛거리는 그 순간 몸이 어떻게 반응하는지, 머릿속에 어떤 생각이 스쳐 지나가는지 가만히 들여다보는 것. 그것은 단순히 습관을 교정하는 일이 아니다. 그것은 자기 자신과 친해지는 깊은 작업이다. 즉 자기 이해의 시작이다. 감정을 부끄러워하거나 억누르기보다, 그럴 수도 있다고 받아들이는 힘. 그것이 나를 덜 위축되게 하고, 더 편안한 방향으로 나아가게 한다.

쭈뼛거림과 함께 살아가는 연습

사라졌다고 생각했던 '쭈뼛거리는 나'가 다시 나타났다는 이유로 놀라고 당황할 필요는 없다. 오히려 '아, 내가 지금 낯설고 불편한 상황에 놓여 있구나', '내가 지금 나를 보호하려 애쓰고 있구나' 하고 알아차리는 것이 훨씬 중요하다. 그런 나를 다그치기보다는 손을 잡아주는 마음이 필요하다.

'왜 또 이래?'가 아니라 '지금 내 안의 아이가 움직이고 있구나'라는 마음 말이다. 그렇게 스스로를 알아차릴 때, 점점 더 자연스럽고 편안한 행동이 가능해진다.

"쭈뼛거리는 나를 없애려 하지 않아도 된다.
그 순간의 나를 알아차리고,
그때의 감정과 행동을 다정하게 바라보는 것.
그게 결국 나를 가장 편안하게 해주는 길이다."

올해는 영어 회화를 꼭 하고 말 거예요

저 진짜 영어 잘하고 싶거든요. 좀 웃기지만 진심이에요. 기초 여행 영어라도 말할 수 있으면 좋겠다는 마음, 정말 있었거든요. 그래서 이번엔 마음먹고 시작했어요. 앱도 깔고, 유튜브 강의도 정리해 두고, 사람들과 어울리며 배우는 게 좋겠다 싶어 학원 시간표도 확인했죠. 근데요. 그게 다였어요. 앱은 일주일 만에 알림을 껐고, 유튜브는 섬네일만 보고 넘겼고, 학원은 '좀 더 시간이 생기면' 하고 미뤘어요.

그러다 친구들하고 저녁을 먹는데, 한 친구가 올해 들어 영어를 매일 공부하고 있다고 하더라고요. 요즘 회화가 늘어서 여행 가면 진짜 유용할 것 같다고. 그게 딱 제가 바라던 거라서 "어떻게 했어?" 하고 물었더니 전화 영어 한다면서, "아침마다 원어민 선생님이랑 통화하니까 진짜 늘더라" 하는데, 말끝에 발음도 살짝 섞어 말하더라고요. 진짜 너무 부러웠고, 너무 부끄러웠어요.

그 친구가 저한테 "샘 소개해 줄까?" 하는데 선뜻 대답을 못했어요. "아, 난 원어민이랑 대화할 실력은 안 돼서…"라고 하니까 "괜찮아! 나도 처음엔 그랬는데 수준에 맞춰줘. 해봐" 진심으로 권유하는데, 결국 "우와, 너 진짜 멋지다" 그 말만 하고 "좀 더 생각해 볼게"라고 넘겼어요. 사실 열심히 할 자신이 없었거든요. 전 아침잠도 많고 전화하려면 매일 공부도 해야 한다는데, 그게 너무 스트레스일 것 같아서요.

진짜 영어 잘하고 싶은데, 마음만 그렇고 결국 또 못 하게 되니까, '나는 왜 못 하지? 왜 이렇게 안 되지?' 그 생각만 계속 들어요. 그 친구가 저보다 시간이 많은 것도 아니고 돈이 더 많은 것도 아니에요. 그냥 시작했대요. 그냥 했대요. 근데 나는, 왜 매번 '해야지'만 하고 있는 걸까요? 제가 의지박약일까요?

그런데 생각해 보면 진짜 '영어를 하고 싶어서'라기보다는 그냥 '해야만 할 것 같아서'라는 마음이 더 컸던 것 같아요. 그래서 이렇게 매번 실천을 못 하는 걸까요?

마음에 말을 건네다

자기 계발? 자격증, 영어 공부에 늘 실패하는 이유

연초가 되면 누구나 "올해는 자격증 하나 따야지", "올해는 꼭 영어 회화에 성공해야지", "올해는 꼭 매일 운동해야지" 등등 여러 계획을 세운다. 그러나 성공하는 사람은 의외로 많지 않다.

강의하러 가면 이런 질문을 많이 받는다.

"선생님, 저는 왜 매번 결심만 하고 성공하지 못하는 걸까요?"

다음 질문으로 대답을 대신한다.

"정말 하고 싶은 거 맞으시죠?"

질문한 사람들은 한결같이 "그럼요. 하고 싶어요"라고 대답한다.

"그런데 그걸 왜 하고 싶으세요?"라고 다시 묻는다.

그들의 대답은 늘 비슷하다.

"그래도 미래를 위해서 자격증 하나는 있어야 할 것 같아요", "영어가 어느 정도는 돼야 일처리나 여행을 갔을 때도 도움이 될 것 같아서요"라고 하는데, 그 대답에서 열정이나 기대감은 많이 느껴지지 않는다.

그런 이유이니 계획을 실행에 옮기거나 지속적으로 해낼

수 없는 여러 가지 핑곗거리를 피하기 어려운 건 당연하다. 업무가 너무 많아서 피곤하고, 저녁에 약속이 자주 생기고, 어떻게 시작해야 할지 모르고 등등, 어찌어찌 시작해도 영어 공부를 지속하기 어려운 백만 가지 핑계를 이길 수는 없다.

그들에게 이렇게 물었다.

"해야 한다 또는 해야 할 것 같다는 생각 말고 진짜 하고 싶으세요? 영어 공부나 운동 같은 걸 생각하면 즐겁고 기분이 좋아지는지 궁금해요. 또 이 자격증을 따거나 영어 회화를 잘하게 되면 바로 활용할 기회가 생길까요?"

그제야 그들은 고개를 끄덕이며 "실은 진심으로 하고 싶다기보다는 해야만 할 것 같은 생각에 계획을 세운 게 맞아요. 그래서 자꾸 실패하는 것 같아요"라고 답한다.

게으르거나 의지가 부족해서가 아니다

뭔가를 '하고 싶다'기보다는 '해야 한다, 해야 할 것 같다'는 압박감에 시작했다면, 그래서 계획만 세우고 잘 실천되지 않는다면 이건 결과를 게으름 탓으로 볼 수 없다.

하고 싶어서 세운 계획인지, 아니면 해야 할 것 같은 불안감으로 시작한 계획인지부터 깨닫는 게 중요하다. 이걸 깨닫는 순간이 자신의 진짜 마음이 아니었음을 처음으로 인식하는 순간이다. 이건 중요한 발견이다. 나는 원한다고 생각했지만, 실은 남들이 하는 걸 보며 불안해서 혹은 그냥 하면 좋을 것 같아서 '해야만 할 것 같은 일'을 선택했다면, 자꾸 미루는 것은 당연하다.

"계획만 세우고 또 못 했어요."
이 말을 들을 때마다 이런 생각이 든다.
'혹시 애초에 그걸 꼭 하고 싶었던 게 아닌 걸까?'
하고 싶다고 믿고 있었지만, 가만 보면 '그게 진짜 내 마음이었는지'는 안 물어봤던 거다. 그렇다면 실패한 게 아니다. 그저 조금 더 내 마음을 들여다볼 타이밍이었을 뿐이다. 그리고 그렇게 생각하면 '의지박약'이라는 말이 조금 억울하게 느껴지지 않을까? 명확한 목표나 당장의 필요가 없으니 그런 것뿐, 나의 의지나 노력의 문제가 아니다.
'아, 내가 게을러서, 의지가 부족해서가 아니라 이걸(자격증 취득, 영어 회화 공부, 새로운 운동, 다이어트 등) 하고 싶은 마음이 크지 않았구나.'

자기 비판에서 벗어나 자기 이해로
이런 생각으로 잠시 마음이 편해진 것 같지만 나도 모르게 마음속 깊은 곳에서 스멀스멀 새로운 불안이 올라온다.

'그럼 이제 어떻게 할까? 그래도 새해가 되면, 나이가 들수록 무언가 하나라도 해야 하지 않을까?'

그럴 땐 '아, 난 그래도 뭔가 하려고 하는 사람이구나'라고 자신을 알아주면 어떨까? 이번에는 진짜 하고 싶은 것에 도전하기로 하면서. 진짜 원하는 것을 만났을 때 사람은 달라지니까.

나에게 질문을 던져보자.

'나는 지금 뭘 하고 싶지?'

'이걸 꼭 해야겠다는 마음은 어디서 온 걸까?'

진짜 원하는 걸 만났을 때는 '해야 하니까'가 아니라 '하고 싶으니까' 저절로 움직이게 된다. 피곤해도, 시간이 없어도 마음이 먼저 가고 몸이 따라간다. 그럴 때 우리는 깨닫는다.

'내가 하고 싶은 일이면 나도 할 수 있구나.'

'나는 못 하는 사람이 아니라 아직 나를 잘 몰랐던 사람이었구나.'

어떤 경우에는 내가 하고 싶은 일이 남들에게는 멋져 보이지 않을 수도 있다. 누군가는 자격증을 따고 누군가는 영어를 마스터하려 애쓰는 동안 나는 기타 한 곡을 완성하는 걸 원할 수도 있고, 하루에 5000보만 걷자는 계획을 세울 수도 있다.

어쩌면, 하고 싶은 게 없는 시기일 수도 있다. 그럴 수도 있다.

'나는 지금 좀 쉬고 싶어.'

'당장은 아무것도 하고 싶지 않아.'

그 마음을 인정하는 것도 자기 이해의 시작이다. 자기 계발은 남들의 기준을 따라가는 일이 아니다. 진짜 자기 계발은 '나는 누구인가', '나는 무엇을 원하는가'를 묻고 그 답을 따라 사는 일이다. 그리고 그 답이 아직 없다면 기다려도 괜찮다. 다른 계획을 세워도 되고 지금은 멈춰도 된다.

"진짜 자기 계발은
나를 아는 데서 시작된다.
그리고 그 순간부터
우리는 우리의 삶을 선택하게 된다."

의욕도 없고 열정도 사라졌어요

제가 그래도 열정적인 편이었는데 요즘은 의욕이 없어요. 이런 적이 없거든요. 근데 요즘은 뭘 하고 싶은 마음이 잘 안 생겨요.

원래는 일도 재미있게 열심히 하는 편이었어요. 하기 싫은 일이더라도 어차피 제가 해야 할 일이니까 성심성의껏 했어요. 열심히 하면 결과가 좋고, 그게 결국 저한테도 좋으니까요. 그러다 보니 시키지 않아도 야근을 하거나 주말에도 계속 업무 생각을 하고 그랬어요. 새로운 걸 배우는 것도 좋아했고, 사람 많이 만나는 것도 좋아했고, 모임이나 운동도 열심히 하는 편이었고요.

그래서 친구들이 "넌 어떻게 항상 에너지가 넘치냐?" 하며 부러워했죠. 전 오히려 그런 말 하는 친구들이 이해가 안 갔어요. '어차피 할 일인데 왜 저렇게 하기 싫어하지?' 싶었거든요.

저도 가끔 '이건 해서 뭐 하지?' 싶을 때도 있고, 몸이 피곤할 때도 있었죠. 하지만 그런 생각은 잠깐이고, 금방 회복됐거든요. 예전에 어떤 동료가 제 얘기를 듣더니 "혹시 조증 아니에요?" 이러더라고요.

"나 그런 사람 많이 봤는데, 그러다 훅 가는 수가 있어요. 조심해요."

이런 말을 했는데, 그때는 기분이 나빴어요.

'나보고 지금 이상하다는 거야? 내가 망가질 거라는 얘기야?' 싶었죠.

근데 요즘 들어 그 말이 조금 이해되기 시작했어요. 어느 순간부터 '아, 지금 이 일이 하나도 재미없다'는 생각이 드는 거예요. 열심히 하고 싶지 않다는 게 아니라, 열심히 하고 싶은 마음이 안 생긴다는 것.

저는 살면서 '재미'가 중요하다고 생각했거든요. 그런데 요즘은 재미가 없어요. 그게 저한텐 제일 큰 문제예요. 그러고 보니 그게 가장 큰 문제네요. 그런 마음이 안 생긴다는 거요. 그렇다고 제가 일을 못하는 건 아니에요. 일은 여전히 제 역할대로 잘하고 있고, 기한 맞춰서 꼼꼼히 처리하고 있어요. 그래서인지 회사 동료들은 제가 요즘 이런 상태라는 걸 잘 몰라요. 제가 점심시간이나 퇴근 후에 가끔 얘기하긴 해요.

"요즘엔 일이 별로 재미가 없어요. 의욕이 안 생겨요. 왜 그런지 모르겠어요."

그런데 이렇게 말하면 동료들 반응이 좀 어처구니가 없어요.

"원영 씨가 의욕이 없는 거면 우리는 마이너스겠네요?"

"지금이 정상이에요. 이전이 비정상이었던 거예요. 회사 일이 원래 그렇게 재미있을 수가 없어요."

그 말을 들으면 '그런가?' 싶기도 해요. 근데 그건 남들 얘기고, 제 얘기는 아니거든요. 저는 심각하다니까요. 겉으로는 평소와 똑같아 보여도, 저는 알아요. 지금 내 마음은 진짜 다르다는 거.

얼마 전에 친구들을 만났는데, 한 친구가 그러더라고요.

"너 무슨 일 있어? 요즘 단톡방에서도 말 없고, 오늘도 되게 조용하다?" 그 말을 들으니 '아, 내 마음이 겉으로도 보였구나' 하는 생각에 마음이 불편해지더라고요. 그래서 제 얘기를 했더니, 친구들도 비슷하대요. 요즘 다들 '의욕이 없다', '뭘 하고 싶은 마음이 안 생긴다', '회사 일은 이제 잘해서 뭐 하냐', '승진은 해서 뭐 하냐' 이런 마음이라면서요. 다들 재미있는 일이 없대요.

이 나이쯤 되면 원래 다 이런 건가요? 저는 이런 제 자신이 너무 낯설고 당황스러워요. 앞으로도 계속 이렇게 살게 되면 어쩌나 싶어 걱정도 되고요.

🛋️ 마음에 말을 건네다

변화가 낯설다, 그러나 문제는 아니다

열정과 의욕의 정도는 사람마다 다르다. 어떤 사람은 열정의 수준이 늘 낮을 수 있고, 어떤 사람은 늘 높을 수 있다. 열정이 넘치다가 사라질 수도 있고, 그다지 열정적이지 않다가 어느 날 갑자기 무언가에 몰입하는 사람이 될 수도 있다. 이런 변화는 당연하지만, 누구나 이런 순간을 마주하게 되면 당황한다. 당황하는 이유는 원영 씨가 마지막에 덧붙인 것처럼 이 상황이 문제라서가 아니라 낯설기 때문이다.

40대, 마음과 몸이 달라지는 시기

40대는 심리적, 사회적, 생리적으로 변화를 맞이하는 시기다. 빠르면 40대 초반, 늦으면 40대 후반이면 이러한 변화를 맞이하게 된다. 가장 젊고 활동적이던 시기를 넘어 심리적으로는 안정감을 추구하고 생리적인 변화도 함께 찾아오는 시기다. 이 시기의 특징을 이해한다면 갑작스러운 심리적 변화에 대해 너무 당황하지 않을 수 있다. 그 특징을 정리하면 아래와 같다.

첫째, 이 시기에는 사회적 안정과 함께 감정적 정체를 맞이한다. 40 즈음은 사회적으로 어느 정도 자리를 잡는 때다. 경력도 쌓이고, 위기 상황도 줄어들며, 인생의 큰 갈등이나 사건도 잦아든다. 안정감이 생기는 대신 '이제는 무엇을 위해 이렇게까지 해야 하지?'라는 의문이 고개를 들기 시작한다.

둘째, 이 시기에는 외부의 인정보다 내면의 만족이 중요해진다. 그만큼 만족을 찾는 일이 점점 어려워지는 때이기도 하다. 취업, 결혼, 자녀 양육, 승진 같은 인생의 큰 사건들이 지나가고 나면 어느새 삶은 반복되는 루틴 속에서 유지되기 시작한다. 이런 상황에서 새로움에 대한 결핍이 느껴지는 것은 자연스러운 일이다. 루틴이 안정을 만들고, 안정은 지루함을 느끼게 한다.

셋째, 이 시기에는 신체적인 변화도 함께 찾아온다. 수면만으로 회복되지 않는 피로감, 집중력 저하, 기억력 감퇴 등 몸의 에너지가 예전과는 다르다는 것을 점점 실감하게 된다. 그런데 몸은 예전과 달라졌지만 마음은 아직 다르지 않다. 마음은 여전히 예전처럼 움직이고 싶기 때문에 몸과 마음

사이에 괴리감이 발생한다. 이런 마음이 어색하고 당황스럽게 느껴질 수 있다. 결국 '일은 잘하고 있는데, 그래서 뭐지?', '겉으로는 괜찮은데, 나는 왜 이렇게 공허하지?'와 같은 의문이 생겨나게 된다. 그동안 바빠서 미뤄왔던 존재론적 질문들이 조용히, 그러나 뚜렷하게 올라오는 시기로, 지금은 바로 그런 변화의 한가운데일 수 있다.

넷째, 이 시기에는 '나는 어떤 사람인가', '나에게 중요한 일과 중요한 사람은 누구인가'와 같은 존재론적 의문과 회의가 생긴다. 어린아이가 성인이 될 때 사춘기를 겪듯이 성인들도 비슷한 시기를 겪는다. 한동안 사십춘기라는 말이 유행했을 정도로 말이다. 갱년기일 수도 있고 갱년기와는 또 다른 심리적 변화일 수도 있다.

갱년기란 말이 신체적인 변화, 호르몬의 변화에 초점을 맞췄다면 사십춘기란 말은 정체성에 대한 고민, 지나가는 청춘을 붙잡고 싶은 마음과 그렇지 못한 신체 상황을 의미하는 말이기도 하다.

갱년기라고 하면 주로 여성을 떠올리는데, 남성도 겪는 과정이다. 실제로 별다른 이유 없이 우울하고, 무기력하고, 집중력과 기억력이 떨어지고, 근력이 약해져 뱃살이 자꾸 늘

어난다고 하소연하는 남성이 많다. 게다가 평소와 다른 피로감까지 점점 심해져 고민스러워한다. 이처럼 우리나라 40대 이상 남성 중 약 30%가 중년 이후 여성과 비슷한 갱년기를 경험한다고 한다. 이들은 같은 증상을 겪는 여성보다 더 낯설고 부끄러워한다.

지금은 잠시 나에게 집중하는 것

어떤 이유로든 열정이 줄어들거나 사라질 수 있다. 그럴수록 지금의 내가 문제가 아니라는 걸 아는 게 중요하다. 지금은 나에게 열정보다는 충전이 필요한 시기라는 걸 깨달아야 한다. 그리고 '내가 지금 힘이 드는구나', '여유가 필요하구나', '충전이 필요하구나'라는 걸 인식하고 내 마음과 몸 상태를 알아줘야 한다. 그런 후에 몸과 마음이 필요로 하는 것을 채워주면 된다. 무엇보다 중요한 건 지금 나의 상태를 이상하다고 여기지 않고 있는 그대로 받아들이는 것이다.

**"사춘기엔 변화하는 나를 지켜보고 기다려주는
어른들이 필요했듯,
사십춘기에는 내가 필요하다.
변화하는 나를 지켜보고 기다려주는 내가."**

결혼 생활이 무의미하게 느껴져요

얼마 전 후배 결혼식에 다녀왔는데요. 신랑 신부에게 축하한다 말하고 한껏 박수도 쳤어요. 결혼식장도 아름답고 신랑 신부도 예뻐서 즐거운 마음으로 보고 있었죠.

결혼식이 끝나고 신랑 신부가 돌아다니며 인사를 하는데, 저도 당연히 "정말 축하해. 오늘 너무 예쁘더라. 둘이 행복하게 잘 살아요. 다시 한번 축하해"라고 인사를 했어요. 근데 이 말을 하다 말고 이런 생각이 드는 거예요. '이 결혼, 진짜 축하할 만한 일일까?', '나는 결혼해서 행복한가?' 하는 생각이요.

같이 간 친구에게 "우리가 결혼을 축하해 주는 게 맞는 거니?"라고 했더니 친구 역시 "그러게 말이다. 결혼식 날이야 좋지. 근데 살아봐라. 이게 축하할 일인가. 나는 다시 태어나면 결혼 안 한다"라고 하더라고요. 둘이 서로 깔깔대다 헤어졌는데, 여러 가지 생각이 계속 드는 거예요.

남편과 저는 적당히 연애하고 결혼해서 15년째 살고 있거든요. 둘이 크게 싸운 적도 없고, 누가 봐도 겉으론 평범해요. 문제라면, 딱히 문제가 없다는 거예요.

그런데 요즘 들어 외롭다는 생각이 자주 들어요. 남편과 같은 집에 사는데 말 한마디 없이 하루가 지나가는 날도 있어요. 둘이 하는 말이라곤 "애들은 뭐 해?", "집에 별일 없어?", "오늘 저녁 뭐 먹지?", "당신도 청소 좀 해. 오늘 재활용 버리는 날이야" 이런 말들뿐이에요.

제가 "우리 얘기 좀 해"라고 하면 "무슨 얘기? 집에 무슨 일 있어?"라는 반응이 돌아오죠. 이런 말을 친구들에게 하면 다들 비슷한가 봐요. "원래 부부 사이엔 대화하는 거 아니야. 대화는 집에 무슨 일 있을 때 하는 거야"라거나 "너 아직도 그런 생각 하니? 너는 남편이랑 그래도 대화가 되나 보다. 그러니까 그런 말을 하지. 그냥 가만 있어주는 게 최고의 남편이다"라고 말하는 친구가 대부분이에요.

아이가 중학생이 되고 나서 시간이 조금 생기니까 문득 '나는 요즘 무슨 생각을 하며 살고 있지?', '내가 좋아하는 게 뭐였더라?' 같은 생각이 떠오르는데, 낯설고 막막하더라고요. 그동안 저는 하루하루 생존하듯 살았던 것 같아요. 일하고, 아이 키우고, 살림하고, 그게 전부였거든요.

남편도 저 못지않게 바쁘기도 하고, 원래 무뚝뚝한 성격이라는 핑계로 저한테 다정한 말 같은 건 안 하죠. 그런데 회사에서는 사람 좋고, 유머 있고, 일 잘하는 사람으로 통한다는 거예요. 그런 얘기를 들으면 서운한 마음에 '이럴 거면 나랑 결혼은 왜 했어?' 하는 생각도 들죠.

결혼이란 게 참 별로예요. 시가에 대한 책임도 다 제가 져야 하잖아요. 저는 그게 너무 싫어요. 제사도 가야 하고 시부모님 생신에 명절까지. 특히 명절엔 얼굴도 못 본 시할머니 시할아버지 차례 지내느라 살아 계신 제 부모님께 제때 못 간다는 게 너무 억울해요. 친정 부모님이 그걸 당연하게 여기시는 것도 싫고요.

이럴 거면 굳이 같이 살 필요가 있을까요? "이혼할까?" 예전엔 그냥 농담처럼 던지는 말이었어요. 근데 요즘은 진지하게 이혼을 생각하게 돼요. 졸혼을 말하기도 하고, 주변에 아이가 대학만 가면 따로 살겠다는 사람들도 있어요.

같이 사는 일이 크게 즐겁지 않고 의미가 있는 것도 아닌데 굳이 같이 살 필요가 있을까 하는 거죠. 이 정도 같이 살았으면 따로 사는 것도 괜찮지 않을까요?

마음에 말을 건네다

정체성 구조가 재편되는 전환기에 서 있다

'이혼하고 싶다'가 아니라 '이렇게 지내는 게 의미 있을까?' 라는 마음이 들기 시작했다면, 지금의 삶을 점검하는 중이라는 신호다. 지금 나의 삶이 어떤 방향으로 흘러가고 있는지에 대한 스스로의 점검 말이다.

주변에서 "저 이럴 거면 이혼하는 게 낫지 않을까요?"라는 말이 심심찮게 들려온다. 만일 당신이 이런 생각을 하는 시기라면 질문을 바꿔야 한다. "이혼하는 게 낫지 않을까?"가 아니라 "내가 원하는 삶은 어떤 삶일까?"라고 말이다. "이혼하는 게 낫지 않을까?"라는 말은 "지금까지 이 삶이 정말 내가 원한 삶이었을까?", "계속 이렇게 살아도 괜찮을까?"라는 질문의 다른 표현이다.

지금 당신 마음에 떠오르는 공허감이나 낯선 질문들은 단지 결혼 생활 때문만은 아니다. 심리학자 레빈슨은 인간의 삶을 사계절에 비유하며 크게 성인 이전 시기와 성인기로 구분했다. 성인기는 다시 성인 전기·중기·후기로 나누고 이중 성인 전기를 성인기 절정기, 성인 중기를 중년기 전환기, 성인 후기를 노년기라고 명명했다.

결혼 생활에 대해 고민하는 유진 씨는 성인기 중 성인 전기,

즉 성인기 절정기를 지나 성인 중기인 중년기 전환기에 접어들고 있다. 이 시기는 지금까지 형성해 온 삶의 구조를 점검하고 이후 삶의 방향을 새롭게 재구성해야 하는 심리적 전환의 시점이다.

유진 씨가 이제 막 지나온 성인기 절정기(약 33~40세)는 직업과 가정, 사회적 역할을 안정화하며 성취에 몰두하는 시기다. 이 시기 사람들은 삶의 기반을 닦고 책임을 다하며 외부의 요구를 우선시하느라 자기 자신을 돌아볼 여유가 거의 없다. '나는 누구인가'보다 '내가 지금 해야 할 일은 무엇인가'에 더 마음을 두고 그 역할을 수행하느라 바쁘다. 자신의 내면과 대화할 여력이 없다. 그래서 처음으로 '나는 누구인가', '나는 어떻게 살고 싶은가'라는 질문이 마음에 올라올 때, 사람들은 그것을 위기처럼 느끼기 쉽다. 그러나 이는 오히려 삶의 다음 단계로 접어들고 있다는 신호다.

지금 유진 씨는 레빈슨이 구분한 성인 중기, 즉 중년기 전환기(약 40~45세)에 해당하는데 이 시기는 지금까지 살아온 삶에 대한 점검과 평가가 시작되는 때다. 겉보기에 문제없던 관계나 환경에 대해 감정적 혼란과 거리감이 생기는 시기다. 지금까지 잘 지내던 사람들과의 관계에 대한 회의감이 들고 이 관계를 유지해도 되는지 의문도 생긴다. 익숙한 관계일수록 이런 의문은 더 강해진다. 문제가 있어서가 아니라 안정적이기 때문이다.

유진 씨의 현재가 바로 딱 그 상황이다. 가장 익숙한 결혼으로 맺어진 남편과의 관계가 그렇다. 만일 부부관계에 문제가 있다면 어떻게든 관계를 유지할 수 있는 방안을 모색하게 될 텐데 관계가 안정적이기 때문에 오히려 회의와 의문이 생긴 것이다. 꼭 부부관계만이 아니다. 오랫동안 수행했던 며느리 역할, 시가과의 관계, 비혼 친구들의 삶을 대하는 시각 등에 의무과 회의감이 드는 것까지, 모두 같은 이유로 생각해 볼 수 있다.
지금 당신이 느끼는 감정은 삶이 다음 단계로 나아가기 전 자연스럽게 찾아오는 변화의 신호로 보면 된다.

혼란은 삶의 점검이 시작됐다는 신호
중년기 전환기로 접어들면 겉으론 안정돼 보이지만 마음속에선 뭔가 빠져나간 듯한 허전함이 자꾸 느껴진다. 이러면서 점차 문제를 해결하게 되냐고? 그러면 좋겠지만 눈에 띄는 문제가 없는데 어떻게 해결할 수가 있을까? 다만 이런 회의감과 공허감의 실체를 깨닫게 되면서 우리는 이 상황에 서서히 익숙해진다. 그러면서 고민보다는 앞으로의 삶을 내가 주체적으로 선택해 구성하고 싶은 욕구가 발생한다.

이런 방식으로 이 시기를 잘 통과한 사람은 이후 중년기 진입기(약 45~50세)에 접어들어, 실제 새로운 구조를 설계하고 실천해 나가게 된다.

지금 이 시기의 감정은 혼란스러움과 건강함이 공존하며 나타나는 반응이다. 자기 인생의 방향을 주체적으로 고민하고 있다는 점에서, 당신은 오히려 삶을 잘 살아가고 있는 중이다.

이제는 삶의 재구성을 위한 기초 작업을 시작해야 할 때

중년기 전환기는 피할 수 없는 시기이며, 누구에게나 낯설고 불편하게 다가온다. 그러나 이 시기를 잘 통과한 사람은 그 이후 성인 후기인 노년기에 진입하기 직전, 즉 중년기 진입기에 접어들면서 자신이 선택한 삶의 구조를 하나씩 구축해 나갈 수 있다.

과거에는 부모의 기대, 사회적 역할, 생존이라는 과제를 중심으로 움직였지만, 이제는 나의 욕구와 가치 그리고 나답게 사는 삶을 기준 삼아 새로운 구조를 만들어가게 된다. 이 시기는 외롭고 불안하기도 하다. 어쩔 줄 모르고 당황하기도 하고, 내가 나 아닌 느낌에 낯설기도 하다. 때론 이유 없어 보이는 눈물이 흐르기도 하고, 어린아이처럼 엉엉 울고 싶기도 하다.

모두 다 자연스러운 과정이다. 당황하지 말자. 처음으로 내면 깊이 나를 만나게 됐는데 당황스럽고 낯설고 두려운 게 당연하지 않을까? 사춘기는 그 당황스러움을 허세로 채웠다면 이제 우리는 허세를 부릴 수도 없다. 내가 왜 그동안 그런 선택을 해왔는지, 무엇이 나를 힘들게 했는지를 알아차리는 순간들 속에서 이전과는 전혀 다른 자아를 만나는 과정을 '새로운 나'를 만나는 과정으로 즐길 수는 없을까? 꽤나 당황스럽지만 지금은 '새로운 나'를 만나는 새로운 순간이다.

당신도 지금, 자신의 삶과 대화를 시작한 것이다. 이 시기를 지나면 당신 역시 이전보다 훨씬 자기다운 삶을 설계할 수 있을 것이다.

"이유 없이 외롭고 삶이 낯설게 느껴진다면,
당신은 지금 가을이라는 인생의 시기를 맞이한 것이다.
그리고 그 가을엔,
새로운 나를 만나는 기쁨도 함께한다."

Chapter 3.
자책과 불안, 상처받은 마음

딸들을 향한 헌신이 과도해요

얼마 전에 큰딸이 저한테 이러더라고요.

"엄마, 왜 맨날 싸구려만 입어? 좀 비싼 옷도 입고 다른 엄마들처럼 좀 꾸미면 안 돼?"

그 말이 너무 충격이었어요. 나는 내 옷 살 돈 아껴가며 딸들 옷만은 최고로 사줬는데… 그러느라 비싼 옷, 폼 나는 옷 한번 제대로 안 사 입은 건데… 그런 나를 부끄러워하다니. 그 순간 너무 서러웠어요. '내가 도대체 누구를 위해 이렇게 살고 있는 걸까?' 싶었어요.

그 이야기를 들은 친구가 저한테 그러더라고요.

"연희야, 넌 왜 그렇게까지 딸들한테 다 해줘? 네 몸도 좀 챙겨. 너한테도 신경 써야지."

그 말을 듣는데, 갑자기 울컥했어요. 그래서 저도 모르게 말했죠.

"넌 몰라. 나 엄마 아빠 없이 고아로 컸잖아. 할머니랑 언니들이랑 살긴 했지만, 부모 없이 사는 게 어떤 건지 너는 겪어보지 않아서 모를 거야."

그리고 이런 얘기도 했어요.

"우리 초등학교 때 우유 급식 했던 거 기억나? 네가 언젠가 우유 마시기 싫다면서 그냥 버렸잖아. 나 그거 진짜 아까워서 몰래 쳐다봤었거든. 난 우유 급식 신청을 못 해서 한 번도 못 마셨으니까."

그 얘기를 꺼내는데, 마음속에 묻어뒀던 게 확 올라오더라고요.

"사실 어릴 땐 부러운 게 참 많았어. 다른 애들은 엄마가 학교에도 찾아오고, 도시락도 맛있게 싸주고, 생일 되면 새 옷도 사주는데 난 아무것도 없잖아. 우리 할머니는 형편도 어렵고, 손녀 셋을 혼자 키우느라 그런 걸 해줄 수가 없었거든. 그중에서도 너희 집이 진짜 부러웠어. 너희 엄마 진짜 예쁘고 우아하시잖아. 집에 놀러 가면 간식도 주시고 빵도 구워주시고. 그때 먹었던 그 빵 맛, 아직도 기억난다."

그랬더니 친구가 그러더라고요.

"우리 엄마가 빵을 구워주셨었나? 난 기억도 안 나네. 그래서 네가 늘 우리 엄마 안부를 물었구나."

그래서 제가 말했죠.

"이 복 많은 계집애야. 넌 진짜 몰라. 난 그때 너희 엄마가 최

고로 멋져 보였어. 그래서 난 나중에 너희 엄마 같은 엄마가
되겠다고 결심했어. 지금 그걸 실천 중인 거야. 너, 엄마한테
진짜 잘해라."

저는 지금도 딸들 옷을 백화점에서 사요. 꼭 백화점이 아니
어도 되는 걸 알지만, 그런 생각을 하면 왠지 마음이 허전해
서 꼭 좋은 걸 입히고 싶어요. 어릴 때 못 받았던 걸 내 딸들
만큼은 다 누리게 해주고 싶어서요. 그래서 더 열심히 일하
고, 더 많이 벌고, 아이들 원하는 거라면 뭐든 해주고 싶어요.
제 마음 한편에는 자랑스러움도 있어요. '우리 부모가 못 해
준 걸 나는 다 해냈다', '내 딸들은 나처럼 살지 않게 하겠다'
는 다짐이 실현되는 것 같아서요.
그런데 가끔 딸들이 이런 말을 하면 맥이 빠져요.
"엄마, 이런 옷은 왜 사? 이런 걸 어떻게 입어? 나 안 입어."
그냥 당연한 듯 받아들이긴 하지만, 그래도 너무 서운해요.
'내가 이렇게까지 하는데' 하는 마음에 괜히 화가 나고, 소리
지르고, 야단 치고… 그러고 나면 딸들에게 화낸 나에게 또 화
가 나고, 딸들에게 또 너무 서운하고. 이게 정말 좋은 엄마의
모습일까 싶은 생각이 들지만, 그래도 딸들에게 최고로 잘해
주고 남부럽지 않게 키우고 싶은 마음을 멈출 수가 없어요.

이 말을 들은 친구가 조용히 말했어요.

"그런 마음, 충분히 이해가 돼. 왜 안 그렇겠어. 그렇지만 너 지금 너무 무리하고 있어. 어릴 때 널 지켜줘야 하는 어른들이 없어서 충분히 보살핌을 받지 못했다는 생각에 네가 딸들한테 다 해주는 거 나도 알지. 그런데 연희야, 딸들에겐 네가 있잖아. 딸들은 이미 충분히 받고 있어. 내가 볼 땐 지금 보살핌이 필요한 건 너야. 지금도 너를 보살펴주는 사람이 없잖아. 이젠 네가 너를 좀 지켜줘야 하지 않겠어?"

그 말을 듣고 나니 갑자기 눈물이 터졌어요. 제가 딸들과 저를 헷갈린 걸까요? 친구 말이 맞아요. 보살핌이 필요한 건 딸들이 아니라 저인 것 같아요. 그동안 딸들한테 뭐든 다 해주려고 한 게, 그냥 사랑만은 아니었나 봐요. 그게, 제가 어릴 적 받지 못했던 걸 채우려는 마음이었나 봐요. 그런데 그런 생각을 하고 나니 오히려 마음이 더 텅 빈 것 같은 이 느낌은 왜일까요?

 마음에 말을 건네다

자식에게 모든 것을 건 삶, 그 삶을 가능케 한 마음의 시작

나 역시 어릴 적 직접적인 사랑 표현을 들어본 기억이 많지 않다. 동생 많은 집의 큰딸이 그런 표현을 들어보는 건 쉬운 일이 아니었다.

어느 날 막내인 친구네 집에 놀러 갔을 때 친구 엄마가 친구에게 이런 말씀을 하셨다.

"아이고, 우리 경미 학교 다녀오느라 힘들었겠네. 오구오구, 고생했다."

친구의 가방을 받으며 껴안아주시던 모습이 지금도 눈앞에 또렷하다. 그 장면은 꽤나 충격이었다. 고작 학교에 갔다 왔을 뿐인데 뭐가 그렇게 힘들다고, 라는 생각 속엔 부러움이 가득 차 있었다. 그때 나는 결심했다.

'나중에 내가 아이를 낳으면 저런 엄마가 돼야지.'

말 그대로 물고 빨고 해주는 엄마. 내가 사랑받는다는 것을 제대로 느끼게 해주는 엄마 말이다.

실제로 그렇게 실천하며 살았다. 그런데 종종 스무 살이 넘은 딸에게조차 "오구오구"를 멈추지 않는 내 모습을 보며 가끔은 스스로도 과하다고 느낀다. 그럴 때마다 문득 이런 생각이 든다.

'지금 좀 과한데? 왜 이러는 걸까? 이건 꼭 딸을 향한 행동만은 아닌데… 아, 지금은 내가 사랑받고 싶은 순간이구나. 내가 이런 표현을 듣고 싶은 때구나.'

그런 생각이 들면 딸에게 향하던 과도한 애정 표현이 조절

된다. 그리고 그때부터 관심을 나에게로 돌린다.

이제는 사랑을 줄 대상을 바꿔야 할 때

나에게 맛있는 걸 사주기도 하고, 나를 칭찬하기도 하고, 가끔은 늙으신 엄마에게 전화 걸어 "엄마" 하고 불러본다. 그렇게 하고 나면 마음이 좀 나아진다. 딸에게 쏟아내는 과한 애정을 나를 위한 따뜻한 말, 나를 위한 작은 행동으로 바꾸지 않으면 어느 순간 딸에게 어떤 보답을 기대하게 되고, 종종 또다시 사랑받지 못한 나를 보며 허기를 느끼게 될 수 있다. 중요한 것은 연희 씨가 딸들을 향한 과한 애정 표현의 원인을 스스로 알아차렸다는 점이다. 자신의 행동을 돌아보며 원인을 인식하고 감정을 들여다보는 일은 누구라도 쉽지 않다. 그런데 연희 씨는 그 어려운 걸 해냈다. 그 사실만으로도 대단한 사람이다.

연희 씨 마음에는 분명 딸들에 대한 깊은 사랑이 담겨 있다. 동시에 그 사랑 안에는 어린 시절 채워지지 못했던 결핍과 그로 인한 허기 그리고 그것을 채우고자 하는 간절함이 스며 있을지도 모른다. 아무리 많은 것을 해줘도 마음이 허기진다면 그 사랑은 어쩌면 딸들을 위한 것이라기보다 외롭고 허기졌던 '그 시절의 나'를 향한 것이 아닐까? 연희 씨는 지금 '나는 사랑이 필요한 사람이구나', '이제는 나를 돌봐야 할 시간이다'라는 걸 알아차렸다. 그것만으로 충분하다. 지금 가장 사랑이 필요한 사람은 딸들이 아니라 바로 연희 씨 자신이다.

이제는 나에게도 그 사랑을 건네보자. 그 사랑이 조금은 서툴러도 괜찮다. 처음엔 어색하겠지만 그렇게 나를 돌보고 나를 안아주는 시간이 쌓일수록 언젠가는 나도 '충분히 사랑받은 사람'이 돼 있을 것이다.

"사랑의 방향을 조금 바꾸는 것,
이제는 자녀들만이 아니라 나 자신에게도
사랑을 표현하는 것,
그건 이기적인 게 아니다.
진짜 사랑을 더 오래, 더 따뜻하게 지켜내는 방법이다."

나도 어리광 부리고 싶은 첫째예요

어느 날 퇴근길이었어요. 운전 중인데 막냇동생한테 전화가 왔어요.

"언니, 나 오늘 너무 힘들었어. 우리 회사 사람들 왜 이래? 나만 보면 트집이야."

늘 듣던 얘기였어요. 다른 때 같으면 "와, 그 사람 진짜 이상하다. 너한테 왜 자꾸 그래?" 하고 공감해 줬을 텐데 그날은 이상하게 마음이 안 움직이더라고요. 공감도 안 되고, 어떤 말도 해주고 싶지 않았어요. 갑자기 이유 모를 화 같은 게 올라왔어요.

"지금 운전 중이니까 이따 얘기하자" 하고 전화를 끊었죠.

저도 모르게 혼잣말이 나왔어요.

"넌 참 좋겠다. 40이 넘어서도 그렇게 어리광 부리고 살 수 있으니. 평생을 어리광 부리는구나. 난 그 나이 되도록 어리광 한번 못 부렸는데…"

순간, 깜짝 놀랐어요. 저는 한 번도 제가 어리광 부리고 싶어

하는 사람이라는 생각을 해본 적이 없거든요. 어릴 때부터 동생이 많아서 늘 맏이 역할에 충실하게 살았고, 어리광을 부리는 건 제 역할이 아니었죠. 생각해 본 적도 없는 일이었어요. 근데 그날 그런 말을 제 입으로 내뱉는 걸 보고 처음 깨달았어요. 아, 나도 어리광 부리고 싶었구나. 나도 누군가에게 기대고 싶고, 투덜대고 싶고, 예뻐해 달라고 말하고 싶었던 사람이구나.

그런 마음이 제 안에 있었다는 걸 처음 알게 되니까 문득 그동안의 저 자신이 가엾게 느껴졌어요. 40이 넘도록 어리광 한번 못 부리고 살았다니, "나 지금 힘들다"라는 말 한번 못 하고 살았다니… 억울하더라고요.

그 후로는 '나도 어리광을 부리고 싶어 하는 사람이구나'를 인정하며 살게 됐어요. 누가 뭐라고 하지 않아도 제 말투에 콧소리가 섞일 때, 괜히 투덜거릴 때, '내가 왜 이러지? 왜 이렇게 불평불만에 차 있지? 나답지 않게 왜 이러지?'라고 자책하지 않고 '아, 나 지금 어리광 부리고 싶구나' 하며 제 마음을 알아차리고 저를 너그럽게 봐주게 됐죠.
그럴 땐 맛있는 걸 사 먹으며 기분 전환도 하고, 엄마한테 전화해서 저답지 않게 "엄마" 하고 불러보기도 하고요.

그런데 이상했어요. 그렇게 하고 나면 묘하게 뿌듯한 마음도 함께 올라오더라고요.

'아, 나는 내 마음을 이렇게까지 깊이 들여다보는 사람이구나. 내 안의 욕구를 이렇게 솔직하게 마주할 수 있는 사람이구나. 내가 너무 기특한걸. 어리광은 못 부렸어도 이렇게 나를 잘 아는 사람이구나.'

연민과 자부심이 이상하게 나란히 있는 느낌이었어요. 그 두 감정이 부딪히지 않고 같이 저를 감싸주는 것처럼 느껴졌죠.

얼마 전 이 얘기를 친구들에게 털어놨어요.

"그때 처음 알았어. 나한테 어리광을 부리고 싶은 마음이 있었다는 걸. 그런데 말이야, 그걸 알고 나니 오히려 너무 억울해. 나도 어리광 부리고 싶었는데, 나 한 번도 안 그래봤다고. 그래서 이제야 그걸 알게 되니 너무 화가 나더라."

그런데 친구들이 웃더라고요.

"야, 너만큼 어리광 부리는 애가 어디 있냐?"

헐… 말도 안 되는 소리죠.

"내가? 내가 어리광을 부렸다고? 말도 안 돼. 나 누구한테도 '힘들다', '사랑해 달라', '좀 봐달라', 이런 말 해본 적 없다고!"

그랬더니 친구들이 이렇게 말했어요.

"그래, 그런 말은 안 했지. 근데 선배나 동기들이 너 얼마나 예뻐했는데."

"아니, 사랑 못 받았다는 말이 아니라, 내가 사랑해 달라고 조르고 떼쓰고 그런 거 안 해봤다는 말이라니까."

잠시 후 화장실에 가면서 문득 이런 생각이 들었어요.

'혹시⋯ 진짜 그런 걸까?'

나는 내가 표현을 못 해봐서 억울하다고 생각했는데, 사실은 이미 충분히 어리광을 부리고, 또 충분히 표현하고 있었던 건지도 모르겠더라고요. 그걸 친구들이 알아봐 줬던 거고, 또 받아줬던 거고요.

자리에 돌아와서 다시 물었어요.

"진짜야? 나 진짜 어리광 많이 부렸어? 진짜 내가 그랬어?"

"이거 봐, 이게 어리광이지. '말해줘~' 이런 거 자체가 어리광이다, 이것아" 하며 웃는데, 그 웃음소리가 갑자기 너무 큰 위안이 됐어요.

'그렇구나. 나는 어리광 한번 못 부리고 살았다는 생각에 억울했는데, 나 그렇게 살기도 했구나. 나 표현 못 했다고 억울해할 필요가 없구나.' 갑자기 웃음이 실실 새어나오면서 괜찮아지더라고요.

 마음에 말을 건네다

알고 보면 내 마음을 알아주는 사람은 어디에나 있다

우리는 누구나 타인에게 의지하고 싶고, 누군가가 내 마음을 알아주기를 기대한다. 그러나 그런 일이 누구에게나 항상 일어나는 건 아니다. 아니, 사실 그런 일은 누구에게나 일어난다. 다만 우리가 느끼지 못할 뿐이다. 내 마음이나 나 자신에게 집중하지 않고 늘 나와 비교되는 다른 사람의 상황을 먼저 바라보기 때문이다.

나도 몰랐던 내 마음과 마주한 순간

지혜 씨가 동생의 전화를 끊은 후 갑자기 튀어나온 자신의 속마음에 얼마나 당황했을지는 굳이 말하지 않아도 느껴진다. '나도 몰랐던 내 마음과 마주한 순간.'

몰랐던 마음이 불쑥 공기 중으로 떠오를 때, 사람은 누구나 당황한다. 그럴 때 가장 중요한 건, '나 왜 이래? 내가 무슨 소릴 하고 있는 거야?'라며 그 마음을 외면하거나 혼내지 않는 것이다. 그 무의식적인 반응을 잘 알아봐 주고, '아, 나한테 이런 마음이 있었구나' 하고 받아주는 것. 그게 바로 자기 인식이자 자기 수용의 시작이다. 겉으로 드러난 자신을 부정하지 않고 받아들이는 것이다.

지혜 씨는 이런 면에서 참 성숙한 사람이다. 분명 당황스러윘을 텐데도 자신을 부정하지 않았고, '아, 나도 어리광 부리고 싶었던 거구나. 누군가에게 기대고 싶고, 투덜대고 싶고, 예뻐해 달라고 말하고 싶었던 사람이구나'라며 그 마음을 곧장 보듬고 인정했다. 게다가 불평불만이 드러났을 때에도 '내가 왜 이러지?' 하며 자책하기보다 '아, 지금 내가 어리광 부리고 싶은 상태구나' 하고는 스스로를 다정하게 바라봤다. 그리고 그 욕구를 혼내기보다 알아차려 줬다. 이 모습만으로도 그녀는 이미 충분히 단단한 사람이다.

자기 객관화와 또 다른 자기 발견

하지만 거기서 멈추지 않았다. 그 마음을 친구들에게도 이야기한 것이다. 자신의 감정과 깨달음을 부끄러워하지 않고 나누는 건 이미 자기 객관화가 돼 있다는 뜻이다. 더 감동적인 건 자기 객관화가 됐다고 믿는 그 순간에도 또 다른 자신을 발견해 낸 점이다. 자신은 어리광 한번 못 부리고 살았다고 얘기했지만, 친구들은 "넌 충분히 어리광을 부리고 있었어"라고 말해줬다. 그녀는 그 말에 억울해하거나 방어하지 않았다. 오히려 위로를 받았다. 그 태도는 그녀가 얼마나 성숙한 사람인지를 보여준다. 그것만으로도 아쉬움이 조금 사라졌을지 모른다. 왜냐하면 그녀는 이미 충분히 사랑받았고, 누구보다 다정한 방식으로 어리광도, 표현도, 사랑도 해왔던 사람이니까.

나는 그녀에게 이렇게 말해주고 싶다.
"당신은 어리광 부리고 싶은 사람이었고, 또 실제로 그렇게
살아온 사람이기도 하다. 그리고 누구보다도 참 다정하고,
성숙하고, 사랑스러운 사람이다."

"표현하지 못했던 마음이
사실은 이미 누군가에게 닿아 있었음을 알게 된 지금,
당신은 더 이상 그 마음을 억울해하지 않아도 된다.
그걸 알아차린 당신은
충분히 성숙하고
참 사랑스러운 사람이다."

첫째보다 둘째에게 더 마음이 가요

저는 딸 둘의 엄마거든요.

제가 일부러 그러는 건 아닌데, 둘이 똑같은 잘못을 해도 첫째는 더 많이 혼내고, 둘이 똑같이 뭘 잘해도 둘째는 더 많이 칭찬하게 돼요. 저 스스로도 '왜 이렇게 첫째한테만 가혹할까?'라는 생각을 하긴 해요. 그렇지만 첫째니까 책임감을 가지라고 그러는 거라고 생각했거든요.

그런데 첫째도 그걸 느꼈나 봐요. 어제도 둘이 투닥거리고 있길래 제가 첫째를 야단 치며 동생하고 사이좋게 지내야지 왜 그렇게 싸우냐고 한 소리 했더니, 첫째가 울먹이면서 말했어요.

"엄마는 왜 항상 나만 야단을 치고, 진경이는 야단도 안 치고, 칭찬은 진경이만 해줘? 나는 뭘 잘해도 칭찬 안 해주잖아. 나는 시험 잘 봐도 다음엔 더 잘하라고만 하고, 진경이는 시험 못 봐도 잘했다고 하고. 진경이만 엄마 딸이고 나는 엄마 딸도 아니야? 나는 주워온 거야? 왜맨날 차별하냐고!"

이제 사춘기라고 반항까지 하나, 하는 마음에 오히려 더 크게 야단을 쳤어요. 자기가 잘못한 건 생각도 안 하고 어디서 큰소리를 치냐고요. 첫째는 대성통곡을 했고, 저는 시끄럽다고, 뭘 잘했다고 우느냐며 첫째를 달래주기는커녕 소리치며 방문을 닫고 나와버렸어요.

저녁을 차리면서 계속 그 상황이 머릿속에 맴도는 거예요. 가만히 생각해 보니 첫째 말이 맞아요. 언니라는 이유로 늘 참으라고, 양보하라고, 동생에게 잘해주라고 하면서 둘째가 잘못한 건 지적조차 안 하고 그저 "예쁘다, 예쁘다"만 했거든요. 그런데 사실은 같은 상황에서 둘째한테 더 정이 가고 마음 쓰이는 게 있어요. 둘째는 어리고 막내니까 당연한 거 아니에요? 둘이 나이 차이가 많이 나냐고요? 아뇨, 두 살 차이밖에 안 나긴 하는데, 그래도 자기는 언니잖아요.

"정은 씨, 혹시 형제 있어요?"

한참 듣다가 정은 씨에게 물었다.

"네, 언니랑 남동생이 있어요."

"혹시 정은 씨는 언니나 남동생 때문에 차별당하거나 사랑을 덜 받았다고 느낀 적 있으세요?"

선생님께 이 질문을 받고 보니 저도 그랬던 것 같네요. 어릴 때 언니는 언니라고 사랑받고, 동생은 막내에 남자라고 귀여워해 주시고, 저는 중간에 있는 데다 딸이고 하니까 부모님의 관심에 들지 못했던 기억이 나네요. 그래요, 맞아요. 언니는 물론 저보다 부모님 말씀도 잘 듣고 공부도 잘했어요. 당연히 칭찬도 많이 받았고요. 동생은 나이 차이도 많이 나는 막내니까 또 그랬죠.

저는, 저는 부모님 말을 안 들었어요. 왜 그랬을까요? 진짜 말 안 듣고 장난 많이 치고 제 마음대로 하고 싶은 거 다 하고 그랬어요. 그래서 혼이 났다고 생각했는데, 선생님과 얘기하다 보니 그게 아니었던 것 같네요. 관심받고 싶어서 사고 치고 말도 안 듣고 그랬던 것 같아요. 사고 치고 말 안 들으면 야단을 칠지언정 저를 봐주시니까요. 그렇지 않으면 저한테는 관심도 없으니까.

언니랑 저는 다르다는 것도 보여주고 싶었던 것 같아요. 그래서 언니 말 안 듣고 놀리고 언니랑은 다른 방식으로 살려고 했었죠. 그럴수록 부모님은 언니를 더 칭찬하고 저는 더 야단 치고… 그때는 그게 참 억울했어요. 첫째가 저한테 말한 것처럼 저도 '언니만 자식인가? 나는 뭐 엄마 아빠 자식 아닌가? 왜 나만 차별해?' 이런 생각을 했었죠.

어머, 선생님, 저 그래서 그런 걸까요? 그래서 저도 모르게 둘째를 더 예뻐했던 걸까요? 둘째가 저 같아서 보상 심리로? 제가 두 딸을 정말 차별하는 걸까요? 어릴 때 사랑을 못 받은 마음이 저도 모르게 딸들에게 투영되는 걸까요?

 마음에 말을 건네다

누구나 자기와 같은 입장에 공감한다

상담을 하다 보면 이런 사례를 많이 만나게 된다.

"저는 첫째에게 유독 정이 많이 가요."

"저는 이상하게 똑같은 일을 해도 첫째보다 둘째가 더 예뻐요."

"막내는 뭘 해도 예쁜데 큰애는 괜히 어려워요."

이상한 건 그 말을 듣는 내 마음이다. 내가 첫째로 자라서인지 첫째보다 둘째를 더 예뻐하게 된다는 말을 들으면 괜히 첫째 입장에서 이야기를 하게 된다. 다른 자녀보다 첫째를 더 예뻐한다는 말을 들을 때도 "○○ 씨가 첫째니까 당연히 그런 마음도 생기겠지요"라고 말한다. 그러다 문득 그렇게 말하는 나에게 스스로 깜짝 놀랄 때가 있다. 아, 내가 지금 상담자 역할이 아니라 내 얘기를 하고 있구나, 하고 말이다.

감정의 흔적을 마주한 순간

누구에게나 공평하게 행동하지 못하는 순간이 있다. 그건 마음이 약해서도 아니고, 그 사람을 덜 사랑해서도 아니다.
정은 씨는 지금 자신이 둘째를 더 예뻐한다는 사실, 첫째에겐 더 많은 기대와 잣대를 들이대고 있다는 사실 그리고 그게 단순한 습관이 아니라 자신의 과거로부터 비롯된 감정의 잔재라는 사실에 정면으로 마주쳤다.
이건 단순한 육아의 문제가 아니다. 사랑을 주는 방식, 기대를 하는 방식, 감정을 다루는 방식, 그 모든 것이 부모로서의 선택이기 전에 한 사람으로서의 흔적이라는 걸 깨닫게 된 순간이다.

정은 씨는 어릴 때 부모님의 관심을 끌기 위해 일부러 부모님 말씀을 안 듣고 사고 치고 다녔다고 말했다. 그건 단순한 반항이 아니었다. "나 좀 봐달라"는 절실한 신호였다. 그리고 그 신호는 지금 그의 자식에게 다른 방식으로 반복되고 있었다.
그녀는 이제 안다. 자신이 왜 첫째에게 더 엄격했는지를, 자신이 왜 둘째에게 더 너그러웠는지를, 무엇보다 그 마음이 어린 시절의 나로부터 시작됐다는 것을. 미처 몰랐던 정은 씨 자신의 마음을 처음 알아차린 순간이었다. 그리고 그런 자신을 이해하고 받아들이기로 한, 아주 귀한 선택이었다.

자기 연민에서 자기 이해로

우리 모두 가정에서, 학교에서, 어디서든 이런 기억이 있다. 이제 당신은 과거의 나를 이해할 수 있는 사람이 됐고, 그 마음이 자식에게 그대로 반복되지 않도록 바꿀 수 있는 사람이다. 그건 부끄러운 게 아니라 매우 용기 있는 발견이다. 그걸 해낸 당신이 정말 대단하다. 몰랐던 자신을 알아차리고, 그 감정을 정면으로 마주한 당신은 이미 사랑을 다시 시작한 사람이다. 그러니 자책하지 않아도 된다. 사랑을 더 잘하고 싶어서 돌아본 것이고, 이해하고 싶어서 여기까지 온 것이니까.

그리고 무엇보다 자식의 말 한마디에 상처받은 마음을 숨기지 않고 다시 생각하고, 되짚고, 성찰하고 있는 지금의 당신은 그 어떤 순간보다 깊이 자식을 사랑하고 있다.

상담을 하면서 흥미로운 건 첫째는 첫째대로, 둘째는 둘째대로, 셋째는 셋째대로 다 자기가 억울하다고 말한다는 점이다. 그러니 '나만 억울하다'는 생각, 그 마음부터 조금 내려놓아 보는 건 어떨까? 둘째라는 이유로 형이나 언니보다 덜 챙겨 받고 사랑을 덜 받았다고 느낄 수 있다. 하지만 형은 형대로, 언니는 언니대로 어쩌면 더 무겁고 막중한 책임감과 부담감을 가졌을 수도 있다. 물론 그 두 감정을 같다고 말할 수는 없다. 중요한 건, 그 억울함이 어디서 비롯됐는지를 알아차리고 그 마음에서 이제는 벗어나고자 하는 것이다. 그게 바로 지금 당신이 바라고 있는 변화 아닐까?

그렇다면 이제 자식 속에 비치는 나의 그림자를 조금씩 지워내 보자. 나의 자식은 내가 아니고, 그저 온전히 그들만의 삶을 살아가는 존재니까 말이다.

"나는 정말 나를 이해한 걸까?
아니면, 상처받은 나를 보며
'어쩔 수 없었어' 하고 있는 건 아닐까?
그게 혹시, 자기 인식이 아니라 자기 연민은 아니었을까?
진짜 변화는,
그 자리에서 한 걸음 더 나아갈 때 일어난다."

더 많이 사랑받은 형이 부모님을 모시는 게 당연하죠

아내가 임신했을 때 친구가 저에게 이런 말을 했어요.

"너 아이 낳으면 어떻게 할 거냐? 네 와이프 복직하면 누구 아이 봐줄 사람은 있어? 장모님은 멀리 사시고, 어머니는 아직도 형님네 아이들 봐주셔서 너까지 아이 맡기긴 힘들 거 아니야? 어린이집 보낼 거냐? 너 그거 쉽지 않다."

저도 모르게 버럭 소리를 질렀어요.

"야, 너 우리 형네 큰애 지원이 알지? 엄마가 지원이를 7년째 봐주고 있다. 지금은 거기다 둘째까지 봐주고 있다고. 내가 형에게 이제 엄마도 힘드시니까 형네 아이들은 형이 알아서 하라고 했더니 엄마가 오히려 '내가 해준다는데 네가 왜 나서냐'며 화를 내시더라. 말은 말대로 힘들다, 힘들다 하시면서도 여전히 다 봐주신다고. 그럼 당연히 내 아이도 봐줘야지. 안 그래? 왜 나는 갓난아이를 어린이집에 맡기고 형네 아이만 봐주냐?"

제 화내는 모습에 친구는 황당하다는 표정으로 "이런 철없는 놈아, 그때는 너희 어머니가 젊으셨고, 이제는 연세도 많이 드셨는데 어떻게 갓난아이를 키워주시냐?" 하는 거예요.

그 말을 듣고 나니 더 화가 나더라고요. 사실 그때까지는 그 문제를 그다지 크게 생각해 본 적이 없었는데 친구 말을 듣고 나니 오히려 차별당한 것 같고, 부모님이 형을 더 위해주시던 모습이 생각나면서 억울하더라고요. 그래서 괜히 친구에게 "내가 부모님이랑 살면서 형보다 부모님을 더 챙겨드리고 더 다정하게 해드렸는데, 이제 나뿐 아니라 내 아이까지도 형네 아이들보다 차별당해야 하냐? 나는 뭐 주워온 자식이냐? 무조건 엄마한테 봐달라고 할 거다! 둘째까지 낳아서 둘 다 봐달라고 할 거다, 꼭! 안 그러면 나 의절할 거야" 하고 말해버렸어요.

친구는 저를 한참 쳐다보더니 "그렇지. 그런 생각 들 수 있지. 그럼 너희 부모님이 너희 아이 초등학교 들어갈 때까지 봐주시면 연세 많이 드실 텐데, 네가 쭉 모시고 살 거야?" 하는데, 갑자기 저도 모르게 "미쳤냐? 내가 왜 부모님을 모시냐? 야, 어릴 때부터 사탕 하나가 생겨도 형을 주고, 용돈도 형을 더 많이 주고, 형이 진욱이라고 엄마 아빠 모두 진욱이 엄마 진욱이 아빠라고 했어. 한 번을 내 이름으로 현욱이 엄마 현욱이 아빠라고 한 적이 없는데 내가 왜 부모님을 모시냐? 진욱이네 엄마 아빠니까 진욱이가 모셔야지! 내가 나중에 태어났다는 거 말고 형보다 못한 게 없는데 항상 형만 위했으니 그렇게 좋아하는 형이랑 살아야지. 그게 효도 아니냐?"라고 농담처럼 말했지만 그 순간 저도 깜짝 놀랐어요. 사실 형과 저 의좋은 형제이고 효도할 만큼 하는 아들들인데 이런 생각을 제가 하고 있는 줄 몰랐거든요.

"에라, 철없는 놈아. 너도 이제 아빠 되는데 그런 말이 나오냐?" 저도 순간적으로 민망해서 "첫째인 네가 둘째인 내 마음을 알겠냐?" 하고 그 순간을 넘어갔는데, 사실 저도 당황했어요. 제가 이런 마음을 늘 쌓아두고 살았던 걸까요?

 마음에 말을 건네다

표면의 분노 아래 가라앉아 있던 감정을 찾아내다

현욱 씨는 "내가 왜 부모님을 모시냐? 형네 엄마 아빠니까 형이 모셔야지"라고 소리친 순간이 잊히지 않는다고 했다. 표면적으로 드러난 현욱 씨의 분노는 '왜 우리 아이는 봐주지 않느냐', '왜 형을 편애하느냐'는 억울함이었다. 하지만 더 깊은 내면에는 '나는 형보다 못한 게 없는데 왜 늘 비교되고

2순위로 느껴졌을까?'라는 오랜 상처가 있었다. 이 감정은 단지 최근의 양육 문제에서 비롯된 것이 아니라 어린 시절부터 마음속에 쌓여 있었던 억울함이 이번 기회를 통해 비로소 언어화된 것일 뿐이다.

"내가 이런 마음을 쌓아두고 살았던 걸까요?"라는 질문은 그동안 무의식 아래 눌려 있던 감정을 자신도 처음으로 자각한 순간에 던진 말이었다. 그 감정을 농담처럼 넘기지 않고 마음에 남겼다는 건 매우 용기 있는 일이다. 자기 자신과의 대화를 시작한 사람만이 가질 수 있는 태도다.

그렇다면 이제 우리는 어떤 질문으로 대화를 시작해야 할까?

"나는 왜 그렇게까지 억울했을까?"

"무엇이 그렇게 서운했을까?"

"그 감정을 형이나 부모님 탓이 아니라 '그때의 나'의 마음으로 들여다본다면 무엇이 보일까?"

이런 질문부터 해야 하지 않을까? 자신에게 이런 질문을 던질 때 우리는 단지 과거의 상처를 재확인하는 것이 아니라 그 상처를 가진 '자기 자신'을 따뜻하게 바라보게 된다. 그게 바로 자기 자신과의 대화다.

그리고 그 대화는, '지금의 억울함'에서 멈추지 않는다. 이 억울함이 '다음 세대'에게까지 이어지지 않도록 하려면 어떻게 해야 할지를 고민하게 만든다. 즉 과거를 파헤치는 것이 아니라 지금의 감정을 제대로 느끼고 그 감정이 나에게 무엇을 알려주려 하는지를 듣는 것이다.

쌓여 있는 감정을 해소하는 것부터가 새로운 시작이다

현욱 씨가 느꼈던 감정은 무엇이었을까?

화가 났고, 억울했다. 부모님과 형에게 느꼈던 감정을 조심스럽게 들여다보면 그 이름은 바로 '억울함'이다. 그 억울함은 '나도 사랑받고 싶다. 그런데 나는 왜 늘 우선순위에서 밀리는 걸까?'라는 의문에서 비롯됐다. 그 감정의 뿌리는 과거의 상처이고, 그래서 불쑥 분노가 튀어나온 것이다.

주변에서 이런 경우를 종종 볼 수 있다. 성장 과정에서 다른 형제보다 부모의 관심이나 사랑을 덜 받았다고 느끼는 사람들이 성인이 된 후 다른 형제에 앞서 부모님을 더 자주 찾아뵙거나 용돈도 많이 드리는 등 꾸준히 효도를 한다. 그때마다 부모님은 고마움을 표시하고 "네가 최고다"와 같은 말을 하시는데, 이런 말을 들으면 어린 시절 충족되지 못했던 사랑받는 느낌을 갖게 되고, 이를 통해 정서적 만족감을 얻곤 한다.

반면 자신의 행동에 대한 보상이 따라오지 않을 때, 즉 때때로 부모님이 아직도 다른 형제를 더 사랑한다는 느낌을 받거나 부모님의 고마워하는 마음이 자신을 충족시켜 주지 않을 때는 불공정한 대우에 대한 보상 요구나 자기방어적 역할 회피로 드러나기도 한다.

애착 형성 시기에 차별적인 양육을 경험한 사람은 어느 순간 예상치 못한 상황에서 묵혀둔 감정이 억울함처럼 터져 나오기도 한다. 그 감정은 언뜻 보면 타인이 유발한 것 같지만, 사실은 오래전부터 마음속에 쌓여 있던 나의 감정이다. 중요한 건, 이 감정을 억지로 이해하거나 이겨내야 할 대상으로 보지 않아두 된다는 점이다. 억울함, 서운함, 질투나 외로움 같은 모든 감정은 그 자체로 존재할 자격이 있다. 그것을 인정하고 바라보는 것만으로도 이미 변화는 시작된다.

"당신이 모르는 한 가지 비밀.
당신은 사랑받지 못한 자식이 아니다.
그 사랑이 항상 형을 통해 보였을 뿐,
당신에게도 늘 사랑은 머물러 있었다.
이제는 그것을 당신이 발견할 차례다."

내 편이 없어서 너무 서운해요

요즘 진짜, 서운한 일이 왜 이렇게 많을까요, 정말로요. 제 주변엔 저를 서운하게 하는 사람이 너무 많은 것 같아요. 회사에서도, 집에서도, 누구 하나 제 마음을 알아주는 사람이 없어요.

지원 씨와 수진 씨 그리고 저까지 셋이 회사에서 가장 친하거든요. 최근 새 프로젝트가 생기면서 저랑 수진 씨만 거기에 합류하게 됐어요. 일을 하다 보니 저랑 수진 씨 사이에 계속 의견 차이가 생기더라고요. 그래서 지원 씨 의견을 물었죠.

"지원 씨 보기엔 어때? 어떤 의견이 더 나아 보여?"
사실, 솔직히 말하면 제 아이디어가 더 괜찮다고 생각했어요. 그런데 지원 씨가 이렇게 말하는 거예요.
"음, 둘 다 괜찮은데? 유나 씨 아이디어는 무난하긴 한데, 너무 평범한 것 같기도 하고. 수진 씨 제안은 좀 더 창의적이고 새로우니까 새 프로젝트에는 수진 씨 제안이 더 어울리지 않을까?"

그 말을 듣는데, 진짜 너무 서운하더라고요. 저는 항상 지원 씨가 힘들어할 때 마음으로 응원하고, 말없이 챙기고, 커피도 사다 주고, 밥도 같이 먹으러 가자 하면서 신경을 많이 써줬단 말이죠. 근데 그 친구는 가끔 너무 객관적이에요. 아니, 너무 차가워요. 지원 씨만 그런 게 아니에요. 수진 씨도 마찬가지예요. 수진 씨는 항상 중립을 지키거나 아니면 지원 씨 편을 들더라고요. 그럴 때마다 내 편은 없고 둘이 더 친한 것 같아 서운했거든요.

그래서 그 일 이후로 제가 조금 서먹하게 굴었어요. 말하기도 싫고, 어차피 둘이 친한데 내가 굳이 낄 필요가 있나 하는 생각도 들었고요. 그리고 며칠 지나서 지원 씨가 물어보더라고요.
"유나 씨 요즘 왜 그래? 나한테 뭐 서운한 거 있어? 톡에 답도 잘 안 하고."
"아니야, 그냥 피곤해서 그래."
처음엔 그렇게 답하고 넘겼는데 계속 묻길래 결국 말했어요.
"나는 항상 지원 씨 편인데 왜 그때 내 편 안 들어주고 수진 씨 편을 들었어? 아이디어가 채택이 안 돼서 서운한 게 아니고, 자기 그 태도에 마음이 상했어.”

근데 그 친구 반응이 더 어이없었어요.
“무슨 일 말하는 거야?”
이러는 거예요. 내가 며칠을 끙끙 앓은 그 일을, 그 친구는 기억도 못 하더라고요. 내 설명을 듣고 난 후에야 “아, 그거?” 하더니, “그게 왜 서운해? 내 의견을 물어본 거 아니었어? 자기 아이디어는 무난하고 평범하고 수진 씨 아이디어는 창의적이라고 했던 것 같은데, 뭐가 마음이 상했다는 거야? 의견을 물어서 양쪽에 대해 솔직하게 말한 건데 무슨 수진 씨 편을 들었다고 그래? 수진 씨는 별말 없던데. 그런 일을 여태 마음에 담아두고 있었어? 자기는 꼭 그러더라” 했어요.
더 열받았어요. “꼭 그러더라”니요. 자기가 서운하게 한 건 생각도 못 하는 거죠.
“나는 지원 씨가 그 상황에서 내 편일 줄 알았는데 그러지 않았잖아.”
그랬더니 이젠 살살 웃으면서 “셋이 친군데 거기서 내가 어떻게 자기 편만 들어? 그럴 거면 왜 의견을 물어봐? 그냥 내 편 들어달라고 했으면 나도 그랬을걸. 오구오구, 우리 유나 씨, 또 서운했져여?" 하고 웃어넘기는 거 있죠.

진짜, 너무 서운했어요. 그날 밤, 남편한테 그 일에 대해 하소연했어요. 그런데 저를 더 화나게 만든 건 남편의 반응이에요. 남편은 시큰둥하게 이러더라고요.

"그럴 수도 있지. 뭘 그런 거 가지고 서운하다고 그래. 당신은 맨날 뭐가 그렇게 서운하대? 회사 일이면 그냥 회사 일이지, 네 편 내 편이 어딨어."

와, 진짜, 또 한 번 서운했어요. 남편이면 최소한 제 편을 들어줘야 되는 거 아닌가요? 저는 이렇게 마음 쓰고 노력하는데 왜 저한테 잘해주는 사람은 없는 걸까요? 다른 사람들은요, 저처럼 정 주지 않아도 주변에 자기 편 들어주는 사람이 많더라고요. 저는 사람한테 마음 주는 걸 아끼지 않는데, 돌아오는 건 늘 이렇게 서운한 감정뿐이에요. 저는 진짜 인복이 없는 것 같아요.

 마음에 말을 건네다
반복되는 감정은 내 감정의 단서
서운함이라는 감정은 어디서 오는 걸까?
보통 서운함을 느끼는 사람들은 자신이 인정받지 못하거나 거절당했다고 생각하고, 상대가 나를 싫어하는 것 같다고, 자기가 무시당했다고 말하기도 한다. 일부러 그런 말을 하는 게 아니라 저절로 그런 생각이 드는 것이다. 이것을 '자동적 사고'라고 한다. 자동적 사고란 특정 감정을 느낄 때 거의 동시에 떠오르는 생각을 말한다. 예를 들어 '나를 무시하나?', '싫어하나 봐' 같은 생각들이 그것이다. 자동적 사고는 감정을 만들어내는데, 이는 내면의 욕구에서 비롯된다.

서운함을 느끼는 이들의 내면에는 공통적으로 이해받고 싶은 욕구, 인정받고 싶은 욕구, 사랑받고 싶은 욕구, 감사받고 싶은 욕구 등이 존재한다. 그러므로 "나 서운해", "그 사람이 나를 싫어하는 것 같아"라는 말을 자주한다면 앞서 말한 욕구들이 내 안에 충족되지 못하고 있음을 이해해야 한다.

나의 욕구는 오직 나만의 욕구일 뿐 상대의 욕구가 아니다

서운함을 느끼는 사람들은 자신은 진심으로 상대를 대했다고 생각한다. 그래서 누가 내 편이 돼주지 않으면 몹시 섭섭해한다. 내가 그토록 마음 썼던 걸 상대도 알고 있을 거라 믿었기 때문이다.

바로 그거다. '나는 눈에 띄지 않게, 생색내지 않고 상대에게 마음을 써줬어'라고 믿지만 알고 보면 그런 행동을 하는 내 마음의 밑바탕에는 내가 말하지 않아도, 생색내지 않아도 알아주기를 바라는 일종의 '기대'가 숨어 있던 게 아닐까?

"나는 항상 네 편이었는데 너는 왜 내 편이 아니야?"

이 말 속엔 '나는 이렇게 했으니 너도 그만큼 해줘야 해'라는 마음의 공식이 들어 있다. 서운함은 그 공식이 어긋났을 때 생기는 감정이다. 중요한 건 이 공식이 상대와 함께 만든 공식이 아니라 나만의 공식이라는 점이다.

유나 씨는 상대에게 "마음 써주고, 커피도 사다 주고, 신경을 많이 써줬는데…"라고 말한다. '…을 했다'가 아니라 '…을 해주었다'라는 표현은 그 의미에 큰 차이가 있다. 내가 상대를 위해 무언가를 '해주었다'는 말은 사실은 말이 아니라 마음이다. 이 마음은 '나는 너에게 이렇게 베풀었는데 너는 왜 나에게 그에 합당한 마음이나 행동을 하지 않느냐'는 생각이 들게 만든다.

물론 그만큼 애쓴 것도 사실이다. 그런데 그렇게 말하는 순간, 그 행위는 '진심'이라기보다 '거래'가 된다. 내가 했던 행동이 진심이었다면, 그 진심은 돌아오지 않아도 괜찮은 마음이어야 하지 않을까? 상대방 입장에서는 '누가 그렇게 해달래? 내가 원한 것도 아닌데 해주고 이제 와서 생색이야?'라는 생각이 드는 게 당연하다. 타인은 나의 마음 공식을 공유하지 않으니까 말이다. 더 나아가, 타인이 나에게 잘해줘야 할 의무 따위는 존재하지 않는다. 누군가 나에게 잘해준다면 그것은 호의지 채무가 아니다. 반응하지 않는다고 상대를 탓할 수는 없다.

물론 실망할 수 있다. 서운한 감정도 자연스럽다. 그러나 그 감정을 들여다볼 필요는 있다. 상대가 틀려서가 아니라 내가 내 안에 품고 있던 기대 때문이었음을 알아야 한다.

서운해지지 않는 방법, 인복이 많아지는 방법

마음이 서운해지는 사람들의 공통점 중 하나는 관계 안에서 '이 정도는 해줘야 한다'라는 마음 기준을 스스로 세워놓는다는 것이다. 자신이 해준 만큼의 온도를 상대에게 기대하고, 그 기준에 미치지 못할 때는 상대가 나쁘고 그런 나쁜 상대방을 만난 나는 인복이 없다고 여긴다. 누군가 나에게 "고마워"라고 말한다면 그 고마움은 단순히 호의에 대한 반응이 아니라 기대가 없기 때문에 가능한 감정이다. 당신은 굳이 나에게 잘해줄 의무가 없는데도 잘 대해줬으니, 그 마음이 더 고맙게 느껴진다는 말이다. 당연히 내가 받아야 할 상이 아니라 생각지도 못한 선물과 같은 거다. 고마움은 성숙한 관계의 표현이고, 서운함은 기대에 기반한 감정의 그림자일 수 있다.

사람의 진심은 반환되지 않아도 괜찮은 마음이어야 한다. 진심 아닌 마음이 조금이라도 포함돼 있다면 상대방 반응에 일종의 기대를 하게 된다. 내 기대에 상대방이 부응하지 않을 때 상대에게는 요구가 아닌 압력이 된다. 결국 우리의 관계를 망치는 건 진심이 아닌 나의 마음이다.

"심리적 성숙이란
감정을 없애는 것이 아니라
감정의 기원을 자신 안에서 자각하고
조절하는 능력이다.
누군가가 나를 위로하고, 도와주고, 내 편이 돼준다면
그건 당연한 일이 아니라 선물이다."

나는 건강염려증 환자예요

결론부터 말씀드리자면 제가 좀 건강염려증이 있어요. 몸이 살짝만 이상해도 머릿속에서 바로 '혹시 큰 병일까?', '죽는 건 아닐까?' 같은 생각이 시작돼요. 두통이 좀 있으면 '이거 혹시 뇌졸중이나 뇌종양은 아닐까?', 살짝만 어지러운 느낌이 있어도 '이거 혹시 메니에르병인가?', 배가 부르면 '소화 안 되는데 혹시 위암인가? 소화가 안 되면 췌장암이라던데' 하고요.

얼마 전에 친구와 낚시를 갔다가 제 피부가 빨갛게 달아오른 걸 보고 "혹시 피부암 아닐까?"라고 했더니 친구가 "잘 씻고 선크림이나 발라라. 햇볕에 탄 걸 보고 피부암이라고 하면 이 세상에 피부암 아닌 사람이 어디 있겠냐" 하는데, 전 진심이었거든요.

한번 그런 의심이 시작되면 인터넷에서 관련 증상 검색하고, 영상 찾아보고, 결국은 검색해 알게 된 내용 때문에 더 걱정이 커져요. 몸은 그대로인데 불안은 두 배가 돼요.

그래서 평소에도 영양제나 건강보조제를 많이 챙겨요. 칼슘, 마그네슘, 오메가3지방산, 종합비타민, 혈관에 좋다는 약, 간에 좋다는 약, 뼈에 좋다는 약에다 유산균과 비타민 C는 기본이죠. 근데 그걸 하루도 안 빠지고 챙겨 먹느냐, 그건 또 아니에요. 홈쇼핑이나 유튜브에서 보고 건강에 좋다 싶으면 대용량으로 잔뜩 사두고 며칠 먹다가 또 귀찮아서 잊어버리고, 또 새로운 거 사고⋯. 직장 동료들이 제 약통을 가끔 구경하러도 와요. "과장님은 약만 먹어도 배부르겠다", "약 좀 나눠줘요" 하면서요.

문제는 건강에 대한 불안이 단지 병 걱정에서 끝나지 않는다는 거예요. 운전을 하다가도 문득 '이러다 고속도로에서 사고 나면 어쩌지?' 하는 걱정에 무서울 때가 있어요. 심지어 저는 무사고 운전 경력 20년째인데도요. 예전엔 안 그랬는데 갈수록 운전할 때마다 이런 생각이 더 많이 들어요.
집에 혼자 있을 때는 '화장실에서 미끄러져 쓰러지면 며칠 동안 아무도 못 찾는 거 아니야?' 하는 생각에 꼭 핸드폰을 들고 들어가고요. 심지어 이런 생각도 해봤어요.
'죽는 것도 문제지만, 죽고 나서 사람들이 내 집을 보고 이 지저분한 상태로 날 기억하면 어떡하지?'
그래서 혼자 집에 있을 때도 옷을 단정하게 입고 있으려 하고 거실 정리도 괜히 열심히 하게 돼요.

예전에 동생이랑 같이 살던 때 일인데, 휴일에 동생이 너무 오래 자는 거예요. 그런데 갑자기 '혹시 무슨 일 생긴 거 아니야?' 싶은 생각이 들었어요. 얼른 동생이 자는 방문을 열고 들어가서 숨 쉬나 안 쉬나 한참을 쳐다봤어요. 깊이 자던 동생이 화들짝 놀라며 깨서는 "형 뭐야! 미쳤어?" 하며 화를 내길래 저는 농담처럼 "아니 그냥, 네가 하도 오래 자길래 죽었나 보러 왔다. 이제 일어나!"라고 하며 얼버무렸어요. 근데 사실 저 그때 진짜 걱정돼서 그랬거든요.

이게 좀 웃긴 말이긴 한데요. 저는 죽음이 무섭진 않은데 '이러다 죽을까 봐'라는 불안이 계속 따라다녀요. 그 불안이 머리 한쪽에 늘 깔려 있는 것 같아요. 그렇다고 제가 걱정이 많은 스타일은 전혀 아니에요. 오히려 전 평소엔 성격 느긋하단 말을 많이 듣거든요. 실제로도 느긋하고, 걱정을 많이 하거나 스트레스를 많이 받는 편도 아니고요. 어쩌면 건강을 염려하는 게 가장 저답지 않은 모습인 거죠.

그렇지만 느긋하고 스트레스를 잘 받지 않는 것도, 건강 걱정이 지나친 것도 다 진심이거든요. 그게 문제예요. 저 진지하다니까요. 게다가 이런 마음이 점점 심해지는 것 같아요.
저 정말 지나치죠? 이 정도면 건강염려증 환자 맞죠?

 마음에 말을 건네다

건강염려증은 몸의 신호가 아니라 마음의 언어다

건강염려증을 호소하는 사람이 갈수록 많아지는 추세다.
TV만 틀면 건강 관련 프로그램이 하루에도 몇 개씩 나오
고, 홈쇼핑에서는 온갖 건강식품이 몸에 특별한 이상이 없
는 사람조차 불안하게 만들 만큼 자극적으로 소개된다. 이
런 환경 속에서 건강에 민감해지는 건 당연한 일이다. 하지
만 건강을 지나치게 걱정하는 마음은 단지 정보에 과다 노
출됐기 때문만은 아니다. 많은 경우 그 감정의 뿌리는 훨씬
더 내면적인 곳에 닿아 있다.

건강염려증은 단지 병에 대한 과도한 걱정만으로는 설명되
지 않는다. 보통 그것은 감정을 다루기 어려운 사람들이 택하
는 가장 구체적인 돌봄의 방식이다. 다시 말해 건강염려증은
겉으로는 몸을 걱정하는 것처럼 보이지만, 실제로는 마음이
말하고 싶은 이야기를 몸이 대신 말하게 하는 것이다.
건강염려증을 가진 사람들을 대할 때 "유별나다", "굉장히

오래 살고 싶은가 보다"라고 가볍게 여기기도 하지만 건강염려증은 결코 유별난 성격에서 비롯된 것이 아니다. 그보다는 돌봄을 요청할 수 없던 사람들이 선택한 가장 소극적인 자기돌봄이다.

당신은 불안한 사람이 아니라 상실을 겪은 사람이다

민영 씨는 자신의 건강염려증이 시간이 지날수록 심해진다고 했고, 이것이 단순히 건강 염려에서 그치는 것이 아니라 일상생활과 운전 중에도 이어져 죽음에 대한 두려움으로 커지고 있다고 했다.

그는 자신이 건강에 대해 예민해지기 시작한 시기를 30대 초반에 겪은 아버지의 갑작스러운 죽음 이후부터인 것 같다고 했다. 아버지 돌아가시고 얼마 지나지 않아 민영 씨도 부모가 됐다.

건강염려증이라는 단어에 민영 씨의 감정을 모두 담기는 어렵다. 그것은 단순한 걱정이 아니라, 한 번의 충격적인 상실 이후 생긴 '잃어버릴까 봐'의 기억이다. 평소 건강하고 아픈 데 없었던 아버지의 갑작스러운 죽음은 아마도 민영 씨에게 '아프지 않아도, 건강해 보여도 누구나 갑자기 죽을 수 있다'라는 불안감을 가지게 했을 것이다.

아버지의 죽음 이후 민영 씨는 장남으로서 책임감을 느꼈고, 자식을 낳은 뒤에는 '내가 아버지처럼 갑자기 사라지면 내 아이도 나처럼 슬퍼하겠지?'라는 두려움이 시작됐을 것이다. 아버지의 죽음으로 생겨난 큰 슬픔과 상실감이, 이제 막 태어난 자식이 자신과 똑같은 감정을 느끼게 되는 것이 두렵고 싫다는 마음으로 내재화되면서 건강염려증으로 나타났을 수 있다.

자고 있는 동생이 잘못된 것은 아닌지, 숨을 쉬는지를 확인했던 민영 씨의 마음이 어땠을지 우리는 안다. 그의 불안과 상실감이 잘 자는 동생을 확인하러 가게 만들었다는 것을.

마음을 지키기 위해 몸을 점검하는 방식은
당신만의 것이 아니다

누군가는 운동으로, 누군가는 종교로, 또 누군가는 비타민으로 '내가 괜찮은지'를 확인하고 싶어 한다. 당신은 그것을 몸의 징후를 살피고, 건강보조제를 사고, 집을 정리하는 방식으로 해오고 있었던 것이다. 그것은 약하거나 유난스러운 모습이 아니라 당신 나름의 자기 보호 방식이다. 건강보조제를 사고 잘 챙겨 먹지 않는다고, 헬스장에 등록하고 꾸준히 가지 않는다고 자신을 탓하지 않아도 된다. 이것은 나를 보호하는 나만의 방식일 뿐이니까. 이런 나를 야단치기보다 조용히 '괜찮아,

아무 일도 일어나지 않을 거야'라고 다독여주는 것은 어떨까?

이제는 반대로, 마음을 점검해 줄 차례다

건강염려증을 넘어 운전하면서도, 화장실에서도, 잠들기 전에도 불쑥불쑥 죽음에 대한 공포가 찾아올 수 있다. 그렇다면 이것은 건강염려증이 아니라 죽음에 대한 공포다.

민영 씨는 죽는 것은 무섭지 않은데 죽을까 봐 두렵다고 했다. 그러면서 자신이 죽는 것에 대한 공포보다 남겨질 가족이 슬퍼할 것을 걱정했고, 죽은 후의 자신에 대한 평가를 걱정했다.

그의 건강염려증은 일반적인 그것과는 조금 다르다. 그 시작에는 갑작스럽게 사랑하는 사람을 떠나보낸 경험이 있다. 예고 없이 찾아온 아버지의 죽음을 가까이에서 목격한 이후 삶과 죽음의 경계가 얼마나 얇은지를 깨달았고, 그날 이후 일상 속 모든 신호가 사라짐의 전조처럼 느껴지기 시작했다. 죽음이 무서운 것이 아니라, 이대로 사라졌을 때 남겨질 사람들의 슬픔과 자신에 대한 평가를 걱정하는 마음이 그를 불안하게 만든다. 몸이 아플까 봐 걱정하는 것이 아니라, 내가 사라졌을 때 누군가를 힘들게 하지는 않을까 하는 사랑의 형태가 그에게는 건강염려증으로 표현된 것이다.

민영 씨의 건강염려증은 병이 아니다. 유난스러워서도, 오래 살고 싶어서도 아니다. 불안을 다룰 줄 몰라 몸에 기대게 된 마음의 방식일 뿐이다. 몸을 살피고 싶었던 것이 아니라 사실은 자신의 마음이 괜찮다는 걸 확인하고 싶었던 게 아닐까? 그러니 이런 마음을 부끄러워할 필요는 없다. 이때는 불안을 막으려는 노력 대신 그 마음의 출처를 살펴보는 것이 도움 된다. 그것이야말로 몸의 불안을 덜어내는 가장 근본적인 위로가 된다. 이런 건강염려증 혹은 죽음에 대한 공포는 외로움, 상실감 그리고 누군가에게 기대고 싶은 마음의 표현이기도 하니까.

건강염려증을 줄이기 위해 필요한 것은 "과장된 걱정을 줄여야 한다"는 충고가 아니라, 그 걱정이 어디서 왔는지를 함께 들여다보는 일이다. 그와 함께 차 한잔을 마시고 같이 수다 떨며 일상을 공유할 때 그의 불안감은 줄어들고 그의 시각이 몸에서 마음으로, 타인으로 향할 수 있다. 마음의 언어를 해석해 줄 때 몸의 과민함도 비로소 진정될 수 있다.

**"건강염려증이라는 이름 아래 숨어 있는 것은
상실의 두려움이다.
그 마음을 알아차릴 수 있다면,
당신은 이미 단단한 회복의 길 위에 서 있는 사람이다."**

Chapter 4.
감정 이해와 행동의 이유

혼자만의 시간이 필요한 나, 대인기피증일까요?

제가 최근에 혼자 지내게 됐거든요. 그걸 알게 된 주변 사람들이 자꾸 저한테 묻는 거예요.

"혼자 지내니까 외롭지 않아?"

음, 근데 전 별로 외롭지 않거든요. 오히려 지금이 꽤 좋아요. 가족과 함께 지내던 시절도 물론 따뜻하고 좋았어요. 하지만 혼자 지내는 지금은 나름의 즐거움도 있어요.

진짜 외롭지 않냐고요? 당연히 가끔은 외롭죠. 인간이라는 존재 자체가 원래 조금은 외로운 거 아닌가요? 누가 옆에 있다고 외롭지 않고, 혼자 있다고 무조건 외로운 것도 아니잖아요. 이상한 건 저한테 그런 질문을 던지는 친구들이 만날 때마다 "나 요즘 너무 외롭다"고 하소연을 하는데, 대부분 남편도 있고 자식도 같이 사는 친구들이에요. 그럼 그건 또 뭐냐고요. 말이 안 되잖아요.

이번 겨울에 제가 정말 사랑하는 조카들, 동생, 엄마와 함께 여행을 다녀왔거든요. 3박 4일 동안 정말 알차게, 새로운 경험도 하고, 맛있는 것도 먹고, 그야말로 완벽한 가족여행이었어요.

여행 다녀온 뒤 만난 한 친구가 물었어요.

"이번 여행에서 뭐가 제일 좋았어?"

그때 제가 무심코 이렇게 말했죠.

"음, 셋째 날 아침에 혼자 산책을 했었거든? 그때가 제일 좋았던 것 같아. 되게 평화롭고 편안했어."

말하고 나서 저도 좀 놀랐어요. 가족과 함께 보낸 모든 시간이 다 좋았는데, 왜 하필 그 짧은 혼자만의 산책 시간이 가장 좋았다고 느꼈을까요? 심지어 여행 계획도 다 제가 짠 건데요!

그 말을 들은 친구가 묻더라고요.

"가족이랑 싸운 거야?"

아뇨, 전혀요. 그 모든 시간이 다 소중했어요. 근데 그냥 그 아침, 혼자만의 시간이 유독 편안했던 거죠.

예전엔 이런 일도 있었어요. 남편과 분가 문제로 크게 다툰 날이었죠. 사실 시부모님이 잘해주시고 도움도 많이 받았지만 저는 늘 마음이 힘들었거든요. 그러던 어느 날 감정이 폭발해서 제가 이렇게 소리 질렀어요.

"난 어릴 때부터 형제 많은 집에서 북적북적하며 살았어. 그래서 난 더 이상 이렇게 복닥거리며 살고 싶지 않다고. 내 공간이 필요해. 나 혼자만의 시간이 너무 필요한데, 지금은 그런 시간이 없잖아! 결혼하기 전보다 더 복잡하고, 내내 온통 식구들과 함께 있는 게 너무 힘들다고." 그 말을 내뱉고 나서, 저 자신도 당황했어요.

'이게 무슨 말이지? 내가 왜 이런 얘길 하지?'

정말, 무의식 깊숙한 데 있어서 저도 미처 몰랐던 마음이 확 튀어나온 순간이었어요.

대학교 땐 사귀던 남자 친구한테 이런 말도 들었어요.

"넌 대인기피증이 있는 것 같아."

그땐 친구들 모임이 자주 있던 때였는데, 어느 날 제가 "오늘은 그냥 혼자 있고 싶어"라고 했더니, "넌 매번 그러더라. 왜 여러 명이 모이는 걸 안 하려고 해? 그래서 사회생활 어떻게 하려고 그러냐?"라고 하더라고요.

제가 대인기피증이라니요! 제가 남자 친구보다 지인도 더 많고, 모임도 많고, 교우 관계도 활발했는데요. 근데 그 말이 은근히 꽤 오래 머릿속에 맴돌았어요. 그 뒤로 뒤풀이에 가기 싫을 때마다, 혼자 있는 게 좋을 때마다, 마음 한구석에서 자꾸 그 말이 떠올랐어요.

'내가 진짜 이상한 사람인가?'

그런데 아니었어요. 저는 그냥 혼자만의 시간을 필요로 하는 사람이었던 거예요. 요즘도 저는 바빠요. 모임도 많고, 친구도 많고, 사회생활도 잘해요. 하지만 여전히 혼자 있는 걸 좋아해요. 모임에 가면 물론 잘 지내고 즐거워요. 그런데 막상 약속 잡고 나면 괜히 마음이 불편하고, '괜히 잡았나' 싶은 생각이 들 때도 있고, 뒤풀이엔 핑계 대고 빠져나오고 싶어져요.

저는 그냥, 혼자 있는 시간이 꼭 필요한 사람일 뿐이에요. 이런 저를 그때 알았더라면, 그 남자 친구한테 이렇게 말해줬을 거예요.
"나 대인기피증 아니거든. 너보다 훨씬 사회생활 잘하거든. 그냥, 나만의 시간이 필요한 내향적인 인간일 뿐이야."

 마음에 말을 건네다
다르지만 구분하기 쉽지 않은 내향형과 외향형
내가 내향적이라는 말을 꺼냈을 때, 20년 넘게 알고 지낸 친구가 "네가? 왜?"라며 놀란 적이 있다. 내가 내향적이라고 하면 대체로 "말도 안 된다"는 반응이 많았지만, "왜?"라는 질문은 처음이었기에 당황스러웠다.

"그게, 왜가 아니라, 그냥 원래 그런 거야. 태어날 때부터 그런 성향이었던 거지."

그 말을 들은 친구의 의아해하던 표정이 아직도 잊히지 않는다.

활발한 것과 내향적인 것은 다른 문제다. 성격에 대한 이야기를 나누는 강의 현장에서도 종종 비슷한 말을 듣는다. 외향적인 사람은 대체로 주변에서도 쉽게 그 사실을 인정하지만, 내향적인 사람은 본인이 그렇다고 해도 주변에서 "그럴 리 없다"며 부정하는 경우가 많다. 그래서 억울한 내향인이 많다. 다른 사람으로부터 자신이 이상한 건 아닐까, 어딘가 부족한 건 아닐까 하는 오해를 받는 경우도 적지 않다.

하지만 내향형과 외향형은 단순히 활발함이나 관계의 폭으로 구분되지 않는다. 그 핵심은 '삶의 에너지를 어디서 얻는가'에 있다. 외향형은 나의 외부에서 에너지를 얻고 내향형은 혼자 있는 시간과 내면의 공간에서 에너지를 충전한다. 많은 내향인이 인간관계를 원활하게 맺고 사회생활도 잘해낸다. 단지 그 에너지를 혼자 있을 때 만들어내고 사람들과의 관계에서 그것을 사용하는 것뿐이다.

대인기피증? 아니, 난 내향형일 뿐이다

혼자 있는 걸 좋아한다고 하면 종종 받는 질문이 있다. "외롭지 않아?" 이 질문은 '혼자 있는 시간=외로운 시간'이라는 전제를 깔고 있다. 하지만 정말 그럴까? 가족과 함께 지낼 때도, 북적대는 사람들 틈에 있어도 우리는 때때로 외롭다. 반대로 혼자 있는 시간에도 충만하고 평온한 순간이 존재한다.

"외롭지 않아?"라는 물음에 "아니, 안 외로워"라고 말하는 사람들이 있다. 그건 외로움을 모르는 게 아니라 외로움과 혼자 있음을 동일시하지 않기 때문에 할 수 있는 말이다. 그들은 혼자 있는 시간이야말로 오히려 자신에게 집중하고 삶의 에너지를 다시 채우는 시간이라는 것을 알고 있다.

내향형은 약속을 잡고 나서 후회하기도 하고, 모임 중간에 조용히 빠져나오고 싶어지기도 한다. 뒤풀이 자리를 애써 피하거나 다음 약속을 망설이는 경우도 많다. 그렇다고 해서 사회성이 부족한 것은 아니다. 내향형도 충분히 사람들과 잘 지내고 깊은 관계를 맺는다. 다만 그 관계를 유지하기 위한 에너지를 혼자 있는 시간에 충전해야 할 뿐이다. 대인기피증이라는 오해는 사실 에너지의 흐름을 모르는 데서 생기는 경우가 많다. 내향형에게는 혼자만의 시간이 필요하고, 그런 시간을 가져야 오히려 더 건강하게 사람들과 어울릴 수 있다.

약속을 후회하고, 뒤풀이가 부담스럽고, 혼자 있을 때 가장 평화롭다면, 당신은 이상한 게 아니라 단지 내향적인 사람일 뿐이다. 대인기피증도 아니고, 사회성이 부족한 것도 아니다. 당신에게는 에너지를 회복할 시간과 공간이 필요한 것뿐이다. 그렇다면 혼자 있는 시간을 충분히 누려도 괜찮다. 그 시간이 당신을 더 단단하게 만들어줄 테니까.

당신은 자신의 성향이 내향형임을 스스로 깨달은 만큼 더 이상 자신을 탓하거나 후회하지 않을 것이다. 그로 인해 나이가 들면서 불분명했던 자신을 명확히 이해하게 됐고, 스스로에 대한 확신도 가지게 됐다. 자기 확신이 생긴 당신은 더 이상 자신을 의심하지 않아도 된다. 스스로를 볼 수 있는 힘이 생겼으니 말이다.

"자기 확신을 통한 안정감은
나를 설명할 수 있게 된 순간부터 생긴다.
지금 당신의 평화는,
오랜 자기 탐색이 만든 결실이다."

정리정돈 못하는 나, 게으른 게 아니라고요?

제가 집안일을 너무 못해요. 특히 정리정돈을 정말 못해요. 그게 너무 스트레스예요. 사람들이 저를 보고 "일 잘한다", "빠릿빠릿하다"라고 칭찬하면 당연히 기분이 좋은데, 그럼 감사 인사만 하면 되잖아요. 그런데 저는 사람들이 물어보지도 않았는데 감사하다는 말끝에 꼭 "그런데 저는 집안일을 정말 못해요. 집이 늘 지저분하거든요"라고 말해요. 왜 이런 말을 묻지도 않는데 하는 걸까요?

그 말을 들으면 사람들은 "사람이 어떻게 완벽하겠어, 성애 씨는 일을 정말 잘하잖아"라고 위로하지만, 저는 "그래도 집이 너무 지저분해서 스트레스를 받아요"라고 꼭 덧붙이게 돼요. 매번 묻지도 않는 말을 제가 먼저 하는 걸 보면 그게 저의 콤플렉스라서 그럴까요?

남편도 가끔 이렇게 말해요. "이게 안 보여? 개수대에 설거 짓거리 쌓인 거. 바로 좀 치우지." "왜 소파 위에 빨래를 그대로 두지?" "마룻바닥에 머리카락 좀 봐. 당신 눈엔 안 보여?"
정말 저는 그 말을 듣기 전까진 그런 게 있는 줄도 몰랐어
요. 머리카락이 바닥에 떨어진 것도 못 봤고, 설거짓거리가
쌓여 있는 것도 개수대에 가려져서 잊어버렸어요. 빨래가
소파 위에 있어도 불편하단 생각이 들지 않았어요. 뭐 가끔
눈에 띄면 '아, 치워야지' 생각은 하는데 또 금방 잊어버려
요. 무엇보다 중요한 건, 불편한데 참는 게 아니라 애초에 잘
인식하지 못하는 거라니까요. 절대 일부러 안 치우는 게 아
니에요.

문득 깔끔하게 정리된 동료의 책상이나 친구들 집을 볼 때
면 그런 제가 너무 한심하고 답답해요. 그럴 때마다 '나는 왜
이럴까?' 하는 생각이 들어요. 저는 사실 깨끗한 걸 좋아하
거든요. 다만 제가 이런 일에 스트레스를 느낄 정도가 되면,
이미 남들 눈에는 '엉망진창'일 때가 많죠. 그게 문제예요.

그뿐 아니고요. 제가 사실 옷도 그리 잘 입는 편이 못 돼요.
화장도 잘하는 편이 아니고요. 한마디로 패션 감각이 별로
예요. 하지만 저도 옷을 잘 입고 싶다는 마음은 있어요. 그래
서 옷 잘 입기로 소문난 친구에게 물어봤어요.
"어떻게 하면 패션 감각이 생기는 거야? 옷 잘 입으려면 어떻게

해야 해?" 그랬더니 친구가 그러더라고요.

"출퇴근하면시 너랑 비슷한 체형이나 비슷한 분위기의 사람들이 어떤 옷을 입는지 잘 보고 그중에서 마음에 드는 걸 한 번씩 따라 해봐. 그러면 실패하는 것도 있고 어울리는 것도 있을 텐데, 그러다 보면 너만의 스타일을 찾게 될 거야. 요즘 눈에 띄는 스타일 없었어? 아니면 따라 하고 싶은 스타일은 있어?"

그 말을 듣고 곰곰 생각해 보니 저는 출퇴근할 때나 사람을 만날 때 남의 옷차림을 눈여겨본 적이 없어요. 일부러 안 본 게 아니고 눈에 안 들어오던데요? 그러니 따라 하고 싶은 스타일이 있을 리 없고 제 스타일을 바꿔봐야겠다는 생각도 했을 리 없죠.

친구가 "어떻게 그럴 수가 있어? 그런 건 일부러 보는 게 아니라 저절로 보이잖아" 하더라고요. "그래? 그런 게 저절로 보여? 난 한 번도 안 보이던데?"라고 하니 결국 그 친구가 한마디 했어요. "안 보인다고? 일부러 봐야 한다고? 성애 너는 시각이 좀 둔한 거 아니야?"라고 하는데, 아, 맞는 것 같아요. 그러고 보니 저는 미적 감각도 부족하고, 집의 가구 위치도 기억 안 나고, 새로운 물건이 생겨도 잘 몰라요.

그제야 알게 된 거예요. '내가 정리정돈을 못하고 집 안이 지

저분한 게 게을러서가 아니라 시각적으로 예민하지 않아서였구나.'

그 생각을 하고 나니 '나 왜 시각이 무딘 거야?'라고 화가 나는 게 아니라 갑자기 마음이 편해졌어요. 평생 '나는 왜 이걸 못하지?', '왜 난 이 모양일까?' 하며 저 자신을 괴롭혔는데, 그건 제가 부족해서가 아니라 단지 시각적으로 무디기 때문이라는 핑계가 생긴 느낌이랄까요. 너무 좋더라고요. '나 게으른 사람 아니다' 막 이런 생각도 들고요.

이제는 남들이 묻지도 않는데 먼저 나서서 "저 정리정돈 못해요"라고 말하지 않아도 돼요. 그건 제가 게을러서가 아니라 그저 제가 덜 민감한 감각을 가진 사람이란 뜻이니까요. 저 이거 그냥 핑계 아니고 진짜 감각의 문제 맞는 거죠? 제발 맞는다고 해주세요.

 마음에 말을 건네다

묻지 않는 질문에 대한 고백의 원인

깨끗함의 기준에 대한 차이 혹은 청소 상태에 관한 인식 차이로 부부관계에 갈등을 겪는 사람이 많다. 나이가 들어서까지 부모님께 이런 문제로 잔소리를 듣는 경우도 적지 않다. 그런가 하면 아무도 뭐라 하지 않는데 스스로 자책하는 사람도 있다.

"나는 왜 청소를 못할까? 왜 집이 지저분할까? 왜 정리정돈을 못할까?"라는 질문에서 나도 예외는 아니다. 그래서 성애 씨 사례와 같은 이야기를 들으면 남의 일 같지가 않다. 나 역시 누가 뭐라 하지 않아도 정리정돈을 못한다고 먼저 고백한다. 심지어 집안일이 아닌 다른 일로 칭찬을 받았을 때도 "근데 저는 집안일은 못해요", "저 정리정돈 진짜 못해요" 하고 먼저 고백한다. 왜 그럴까?

생각해 보면 나는 주변이 더러워도 괜찮은 사람은 아닌 거다. 나도 깨끗한 걸 좋아하는 사람인 거다. 그런 이유로 비난받고 싶지 않은 거다. 다만 깨끗함의 기준이 다르고, 그 일을 잘 못하기 때문에 스트레스받는다는 걸 인정받고 싶은 게 아닐까? 그래서 방어하듯 먼저 말했던 것이다. 하지만 그건 단순한 방어가 아니다. 그 말 속에는 '나는 깨끗함을 좋아하는 사람이고, 깨끗하지 않은 집이나 책상이 스트레스였다. 나도 잘하고 싶었다'라는 속마음이 숨어 있다.

감각이 다르면 삶도 다르다

며칠 전 TV에서 봤던 부부 사연이 생각난다. 남편은 늘 욕실 바닥의 머리카락을 치우고 아이 옷이 거실에 널브러져 있으면 화를 냈다.

"이게 안 보여? 왜 나는 맨날 치우는 사람이어야 해?"

그때마다 아내는 조용히 말했다.

"나중에 내가 치우려고 했어. 근데 안 보이는 걸 어떡해. 나도 보고 싶어. 진짜로. 눈에 보이면 치우고 싶다고. 그런데 진짜 안 보인단 말이야." 그 말을 듣고 남편이 "말이 돼?"라고 되물었지만, 아마 사실일 거다. 아내의 목소리엔 억울함이 아니라 절박함이 담겨 있었다. 보고 싶은 마음은 있는데 감각이 따라주지 않아서 못 본다는 말이었다.

아, 이런 사람들이 많구나. 성애 씨는 패션 감각이 떨어지는 자신을 보며 시각적 감각이 둔하다는 것을 깨달았다. 정말 다행스러운 발견이다. 성애 씨는 단순히 정리를 안 하거나 하지 못하는 사람이 아니다. 그녀의 말대로 다른 사람들과는 다른 감각으로 세상을 바라보는 사람일 수 있다.

어떤 사람은 촉각이 예민하고 어떤 사람은 소리에 민감하다. 소리에 예민한 사람이 '나는 왜 조용한 걸 좋아할까?' 하고 고민할 필요가 없는 것처럼, 보이는 것에 둔감한 사람도 '나는 왜 이걸 못 볼까?' 하고 자책할 필요가 없다. 만약 이런 고민을 한다면 당신은 시각적 감각이 발달하지 않은 사람일 수 있다. 그래서 패션 감각도, 인테리어 감각도 뛰어나지 않을 수 있다. 그런데 그게 뭐 그렇게 큰 문제일까? 만약 쓰레기 집처럼 문제가 되는 수준이라면 치료를 받아야 하겠지만, 그렇지 않다면 굳이 나를 괴롭히지 않아도 된다.

사람들은 깨끗한 걸 좋아한다. 그리고 이왕이면 깨끗한 게 더 좋다. 하지만 깨끗함의 기준은 사람마다 다르다. 남편이 나보다 깨끗할 수 있지만, 청소 전문가에 비하면 그 역시 덜 깨끗할 수도 있다. 눈에 보이는 게 다르고, 감각이 다르고, '깨끗함'이라는 기준조차 다 다른 것이다.

나는 내가 잘하는 걸 하면 되고, 청소는 더 잘하는 사람이 할 수도 있다. 지저분한 걸 잘 못 느끼는 사람도 가끔은 청소를 하고 싶어질 때가 있다. 평소에는 괜찮았던 집이 어느 날 갑자기 너무 지저분해 보일 때, 남들이 책상 정리 좀 하라고 해도 일하는 데 전혀 문제 되지 않던 책상이 참을 수 없이 지저분하게 느껴질 때가 있다. 순간적으로 감각이 예민해진 것일 수 있다. 그럴 땐 그냥 정리하면 된다. '나는 청소를 못하는 사람이니까 대충 해도 돼'가 아니라, '아, 이제 내 눈에도 이게 보이는구나. 이럴 땐 그냥 청소하면 되지'라고 생각하면 된다.

자기 이해가 변명이 될 수는 없다

청소가 중요한 게 아니다. 내가 어떤 사람인지 알게 됐다는 것이 중요하다. 그러나 시각적으로 둔감한 사람이라는 사실을 알게 된 것이 청소 같은 일에 신경 쓰지 않아도 된다는 뜻은 아니다. 그건 단지 내가 잘 느끼지 못하는 것일 뿐, 나는 청소를 하지 않아도 된다거나 남이 치워주는 걸 당연하다고 생각해도 된다는 뜻이 아니다. 자신이 시각적으로 둔감하다는 사실을 깨닫는 것은 중요하지만 그것이 자기 역할을 안 해도 된다는 변명이 되면 안 된다. 자기합리화가 되면 안 된다. 자신이 할 수 있는 만큼 하면 된다.

"나만의 감각을 이해하고
현실도 함께 바라볼 수 있을 때,
진정한 자기 이해가 이루어진다."

내게 공감은 너무 어려운 문제예요

요즘 세상은 공감의 시대라고 하잖아요. 공감, 소통, 경청…
그런 말들을 많이 하죠. 책도 그렇고, 강연도 그렇고, 사람들
대화에서도요.

문제는 제가 공감 능력이 떨어진다는 거예요. 솔직히 다른
사람의 감정이나 느낌에 공감이 잘 안 돼요. 남들이 막 슬퍼
할 때 '아, 이게 그렇게 슬플 일인가?' 싶은 생각이 먼저 들
고, 남들에게 기쁜 일이 있어도 마냥 같이 들뜨진 않아요.
"아, 다행이다", "좋겠다" 이 정도지, 막 "우와!" 하면서 같이
울고 웃고, 그게 잘 안 돼요. 일부러 그러는 게 아니라 그 정
도까지의 감정이 올라오지를 않아요.

사실 저는 제가 감정 표현에 약하다는 걸 어릴 때부터 알았
어요. 그래서 어릴 때부터 노력했어요. 남들이 기뻐하면 저
는 그만큼은 아니지만 남들과 보조를 맞춰 기쁜 표정으로

웃고, 박수 치고. 또 저에게 기쁜 일이 생기면 제가 느끼는 것보다 과하게 기쁨을 표현하는 연습을 했어요. 의도적으로 과하게 표현한 거죠. 그래서 그런지 기쁜 감정을 표현하고 받아들이는 것은 좀 익숙해졌어요. 그건 진심도 느껴져요. 제 일에도 소극적으로 표현할 때보다 적극적으로 표현하니 더 많이 기뻐하게 된 것 같아요.

문제는 슬픔이나 분노, 서운함 같은 감정이에요. 사람들이 저한테 와서 "너무 속상해", "걔가 나한테 어떻게 그럴 수 있어?"라고 얘기할 때나 굉장히 슬퍼하면서 어쩔 줄 몰라 할 때 저는 그야말로 어떻게 해야 할지 모르겠어요.
물론 "어머, 어떡하니"라든가 "어떻게 걔가 너한테 그럴 수 있어?" 또는 "너 너무 힘들겠다"라는 말은 해요. 그런데 그 말을 하고 있는 순간에도 제 마음속에는 다른 생각이 조금 있어요. '이 정도는 누구나 살다 보면 겪는 일 아닌가?', '그 사람이 너한테 그렇게까지 해줘야 할 의무가 있었던 거야?', '너 혼자 기대하고 실망한 거 아니야?' 같은 생각들이요.
저는 감정을 분석하려고 노력하는 편이에요. 제가 어떤 감정을 느끼게 되면 '나는 지금 왜 이런 느낌을 받을까?'라는 생각을 먼저 하죠. 그렇게 제 감정의 원인을 찾고 '내가 과했구나'라거나 '아, 지금 내가 슬픈 건 당연하구나' 같은 생각을 하게 되면 마음이 좀 편해지는 것 같아요. 저는 오히려 감정을 표출하면 할수록 감정이 격해지고, 그러면 그게 더 힘들거든요.

물론 저도 슬프거나 서운한 감정이 들 때가 있죠. 그렇지만 다른 사람한테 그런 내색을 잘 하지는 않아요. 내가 슬프거나 힘들거나 서운하다는 말을 한다고 해서 그런 감정이 사라지는 것도 아닌데 굳이 그걸 밖으로 드러내서 확인할 필요가 없잖아요.

특히 화나고 속상하고 서운한 감정은 그것을 표출했을 때 그 감정이 사라지기는커녕 훨씬 더 격해져서 그 감정으로부터 빠져나오기가 힘들었거든요. 부정적인 감정을 표현하는 이유는 그 감정에서 벗어나기 위함인데, 그걸 표현하면 할수록 더 나빠진다면 그럴 필요가 없는 거 아니에요?

그러다 보니 저는 위로의 말을 많이 하지 못해 어쩔 줄 모르고 어색해하면서 그저 안타까운 표정만 짓거나, "어떡하니" 이런 말만 하게 돼요. 그런데 이상하게도 사람들은 오히려 이런저런 마음에도 없는 말을 많이 해주는 것보다 저의 진심 어린 표현이 위로가 된다며 자꾸 자기들 힘든 얘기를 해요. 그때마다 저는 또 어쩔 줄 모르겠어요.

"은경이는 묵묵히 잘 들어줘서 좋아."

"은경이 얘기를 들으면 왠지 편해져."

이런 얘기를 들으면 오히려 미안해져서 어쩔 줄 모르겠다니까요. 그들의 감정이 잘못됐다는 게 아니라 제가 그들처럼 못 느끼고 공감도 할 수 없다는 게 문제예요.

갈수록 공감이 중요해진다는데 저 어떡해요? 이런 공감 능력으로 살아가는 데 문제가 없을까요?

 마음에 말을 건네다

공감의 시대에 공감이 어려운 사람이 있다

요즘처럼 '공감'이라는 말이 자주 들리는 시대도 드물다. 공감 능력이 중요하다는 얘기는 뉴스에서도, 책에서도, 강의에서도 끊임없이 등장한다. 그래서일까? 공감이 잘 안 되는 사람은 괜히 죄책감이 생기고 스스로를 이상한 사람처럼 느끼기도 한다.

중요한 건 공감 능력이 부족하다고 공감이 잘 안 되는 자신을 이상하게 여기기보다는 '나는 왜 그 감정이 느껴지지 않을까?'라고 고민하는 당신의 태도다. 이런 고민을 한다는 것 자체가 이미 충분히 공감 능력이 있다는 뜻이기도 하다.

공감에도 종류가 있다

공감은 단순히 타인의 감정을 함께 느끼는 것만을 의미하지 않는다. 공감에도 종류가 있다.

첫째, 인지적 공감(Cognitive Empathy)이다.

인지적 공감이란 다른 사람의 생각과 기분을 읽을 수 있는 상태를 말한다. 다시 말해 나와 남이 다르다는 사실을 인지하고 타인을 그 사람의 관점에서 이해하는 능력이다. '아, 이 사람이 왜 슬퍼하는지 알겠다'라고 이해하는 마음이 바로 인지적 공감의 대표적인 예다.

인지적 공감은 자신과 다른 감정이나 기분을 느끼는 사람을 비난하거나 이상하게 여기지 않지만, 지금 상대의 감정 상태에서 더 좋은 행동을 하거나 편안하게 느낄 수 있도록 바로 어떤 행동을 하는 능력을 포함하지는 않는다. 그럼에도 중요한 건 배려의 행동이 뒤따르지 않는 단순 이해만으로도 이미 공감하고 있다는 것이다.

둘째, 정서적 공감(Emotional Empathy)이다.

정서적 공감이란 '그 마음이 나에게도 느껴지는 감정적 반응'을 의미한다. 상대의 기쁨이나 슬픔에 똑같이 들뜨거나 울컥하는 감정 반응은 모두 정서적 공감에 해당한다. 정서적 공감은 풍부한 감수성과 호감을 바탕으로 동료, 친구 등의 상담자 역할을 하는 데 도움이 된다.

반면, 정서적 공감 능력이 뛰어난 사람은 감정 전염을 겪게 될 가능성이 크다. 그러므로 정서적 공감 능력이 뛰어나고 이 과정에 쉽게 지치거나 피로감을 느낀다면, 자신의 건강한 친절함을 유지하기 위해 때로는 남의 요청을 거절하고 자신부터 돌볼 줄 알아야 한다. 그렇지 않으면 공감 능력으로 인해 상처를 받고 결국은 공감 능력을 발휘할 수 없게 된다.

정서적 공감은 가장 핵심적인 공감 능력처럼 생각되기 때문에 정서적 공감이 잘 안 될 경우 공감 능력이 부족하다고 느끼게 된다. 하지만 정서적 공감은 여러 공감 중 한 종류일 뿐이므로 정서적 공감이 쉽게 되지 않는다고 해서 공감 능력이 부족하다고 느낄 필요는 없다.

셋째, 동정적 공감(Compassionate Empathy)이다.

상대와 유사한 감정을 느끼고 반응하는 것이 정서적 공감이라면, 공감적 관심이라고도 불리는 동정적 공감은 한마디로 '그 마음은 잘 모르겠지만, 그 사람을 위로해 주고 싶은 마음'을 의미한다. 은경 씨가 보여준 공감이 바로 동정적 공감 혹은 공감적 관심에 해당된다. '이해는 잘 안 가지만 어쩐지 안타깝다. 뭐라도 해주고 싶다'는 생각으로 이렇게 말하는 것이다.

"어떡하니."

"너무 힘들었겠다."

이런 말을 건네고 고개를 끄덕이며 이야기를 들어주는 것, 이것이 바로 동정적 공감이다.

다른 사람의 감정을 타인인 내가 그대로 느끼는 것은 어쩌면 불가능한 일이다. 그런 의미에서 마음속으로 '이해가 안 된다' 또는 '왜?', '나는 그렇지 않은데'라는 생각이나 느낌이 떠올랐더라도 누군가에게 귀 기울이고 반응을 건넨 그 태도는 절대로 가짜가 아니다. 그 자체로 당신은 상대에게, 이 상황에 대해 동정적 공감(공감적 관심)을 하고 있는 중이기 때문이다. 이렇게 동정적 공감을 주로 하는 사람들은 '내가 위선자인가?'라는 자책에 빠지기 쉽다. 은경 씨처럼 말이다. 결론부터 말하면 전혀 그렇지 않다.

누군가에게 귀 기울이고 반응을 건넨 그 태도는 절대로 가짜가 아니다. 당신은 여러 가지 공감 중 주로 동정적 공감을 하는 사람이고 그런 감정 표현 방식을 가진 사람인 거다. 당신의 공감 능력은 지금으로도 충분하다.

사실 동정적 공감은 여러 공감 능력 중에서도 가장 높은 수준의 공감이다. 공감적 관심을 통해 다른 사람의 경험을 그 저 보거나 느끼는 데서 끝나는 것이 아니라 그들을 지지하고 도와주는 행위로 이어지기 때문이다.

그러나 당신이 동정적 공감으로 지원이나 도움을 제공한다고 해서 상대가 그 즉시 문제 해결 모드에 돌입할 수 있는 것은 아니다. 그러니 당신의 공감이 직접적인 문제 해결을 해주지 못한다고 해서 실망하지 말자. 우리는 보통 내 얘기를 들어주고 맞장구쳐 주는 누군가가 옆에 있다는 사실만으로도 위안을 받는다. 그런 사람이 내 곁에 있다는 사실 자체가 문제 해결에 도움이 된다.

누구나 자신만의 감정 표현 방식이 있다

은경 씨는 감정을 밖으로 드러내는 일이 오히려 감정을 더 키운다고 생각한다. 그래서 슬픔이나 분노 같은 감정을 굳이 표현하려 하지 않는다.

그건 옳고 그름의 문제가 아니다. 당신도 혹시 은경 씨와 생각이 같다면 더 이상 그런 문제로 고민하지 말자. 당신은 원래 그렇게 감정을 다루는 사람일 뿐이다. 다만 한 번씩은 감정을 표현해도 괜찮다.

표현이 곧 감정의 확장이 되는 사람이 있는가 하면 표현을 통해 감정을 해소하는 사람도 있다. 그걸 이상하게 보지 않아도 된다. 표현을 잘 하지 않는 당신에게 누군가가 버거운 감정을 표현한다면 그것 역시 당황하지 말고 '저렇게 표현하는 사람이 있구나' 하며 바라보면 된다. 상대가 슬퍼하고 화낼 때 그 슬픔과 분노를 함께 느끼지 못한다고 해서 '내가 너무 차가운 사람인가?' 고민했다면 그건 오히려 따뜻해지고 싶은 마음이 있다는 뜻이다. 중요한 건, 그 순간에도 당신은 귀를 기울였고, 조심스럽게 반응했다는 사실이다. 그거면 충분하다.

'나는 왜 저렇게 안 느껴질까?' 하며 계속 자책하지 말고 '나는 저렇게 느끼진 않지만, 이렇게라도 곁에 있어주고 있구나' 하고 자신을 알아주면 된다. 당신은 공감을 못하는 사람이 아니라 공감을 다른 방식으로 하는 사람이다. 그것을 아는 순간, 당신은 자기 자신에게 훨씬 더 따뜻한 사람이 된다.

"공감에는 여러 종류가 있다.
진짜 공감은 꼭 같은 감정을 느끼는 데서
시작되지 않는다.
공감은 어떻게든 당신과 내가
연결돼 있고 싶다는 마음이다."

나이 들수록 인간관계가 더 어려워져요

저 원래 사람들과 잘 지내는 사람이에요. 성격도 유하고, 웬만한 일엔 얼굴 붉히지도 않고요. 딱히 까칠하단 얘길 들어본 적도 없어요. 예전엔 친구도 많고, 어디서든 "사람 좋다"는 말 많이 들었어요. 그런데요, 요즘은 인간관계가 너무 피곤해요.

전에는 좀 이상한 사람을 봐도 그냥 그러려니 했거든요. 그런데 지금은 그게 안 돼요. 어떤 사람 말투 하나, 행동 하나에 괜히 마음이 상하고, 괜히 화가 나요. '왜 저래?' 하는 생각이 자꾸 들어요.

원래 저는 그런 이상한 사람을 보더라도 기분 나쁘거나 이상하다는 생각을 별로 안 했었어요. 남들이 "쟤 왜 저래?", "재수없어" 하며 싫어하는 사람들에 대해 말해도 저는 그게 그렇게 싫거나 재수없다고 느껴지지가 않더라고요. 그냥

'그러려니' 하는 마음이었고, 오히려 "그럴 수도 있지. 사람이 다 다르잖아" 하며 화가 난 친구들에게 그 사람을 변명해주듯 말을 해서 "네가 부처님이냐? 예수님이야?", "란경이넌 대체 누구 친구냐? 내 편을 들어야지"라는 핀잔을 들을 정도였어요. 그때의 저는 화가 나는데 참는 게 아니라 화가 잘 안 나는 거였죠. 그냥, 별로 신경이 안 쓰였거든요. 그런 저에게 친구들은 "너 그러다 화병 난다. 화내도 지구가 망하지 않는다" 이런 말로 걱정 아닌 걱정을 할 정도였어요.

근데 요즘은, 속이 부글부글 끓어요. 말로 표현은 못 하지만, 속으로는 계속 생각하게 돼요.
'쟤는 왜 항상 저래?'
'저런 사람하고는 못 지내겠어.'
'아니, 일을 왜 이렇게 못해? 이게 이렇게 못할 일이야? 답답하다.'
이런 생각들이 자주 들고, 크게 누가 잘못한 일이 아닌데도 버럭 화내는 저를 발견하게 되는 거죠.

그런데 또 한 가지 문제는 제가 이걸 상대한테 말을 못 한다는 거예요. 화는 나는데 화를 못 내요. 못마땅한데 티를 내지는 못하겠어요. 그러다 보니 어느 순간까지는 '그래, 그렇게 해봐라' 하고 봐주다가 더 이상 참을 수 없는 순간이 되면 관계를 아예 끊어버리는 거예요.

사실 이런 일은 최근에만 그런 게 아니고 어릴 때부터 그랬던 것 같아요. 싫은 말 하는 선배나 상사에게도 허허실실 웃고 "네, 네" 하고 참다가 어느 순간 상대가 선을 넘었다고 생각하면 아예 그 모임을 안 나가거나 그 사람과 관계를 끊는 거죠.

최근에는 그게 좀 심해진 것 같아요. 최근 2년간 핸드폰에서 차단한 사람이 네 명이나 되더라고요. 예전 같으면 차단은 생각도 못 해봤는데, 이젠 무례하게 구는 사람들을 못 참겠어요. 그렇다고 기분 나쁘다는 말을 하기는 어렵고, 어색해지잖아요. 저는 사람들과 어색해지는 게 싫어요. 어떻게 행동해야 할지도 모르겠고요. 그래서 조금 기분이 나빠도 그냥 넘어가는 거거든요.

친구들은 그럴 거면 중간에 싫은 소리라도 한번 하라고 하는데, 제 생각은 달라요. 사람은 자기를 바꾸기가 어렵거든요. 제가 상대에게 잘못된 점이나 기분 나쁜 점을 말한다고 해도 못 고친다는 게 제 생각이에요. 어차피 고치지도 못하는데 그걸 지적해서 서로 기분 상하고 어색해지느니 그냥 지나가는 건데, 그래도 더 이상 봐주기 힘들면 어쩌겠어요. 절이 싫으면 중이 나간다고 제가 관계를 끊는 수밖에요.

솔직하게 제 감정을 말한다고 제 속이 시원해질까요? 저는 오히려 '괜히 그 말을 했어. 그 사람이 불편해할 텐데', '앞으로 그 사람 얼굴을 어떻게 보지?', '내가 좀 더 참을걸' 하는 생각이 들어서 말하고 나면 더 불편해요. 그보다는 아예 관계를 끊어버리는 게 마음이 편해요. 그러면 애매한 기류도 없고, 마음 쓸 일도 없어요.

사람들은 제가 굉장히 쿨한 사람인 줄 아는데, 알고 보면 저 안 쿨하거든요. 오히려 너무 마음이 쓰여서 아무렇지 않은 척하는 거예요. 남들보다 몇 배는 더 신경 쓰이고 마음 쓰이고 그런 게 힘들어서 쿨하게 지내려는 건데, 요즘은 쿨하기가 너무 힘드네요.

나이 들면 인간관계가 편해질 줄 알았는데, 왜 오히려 인간관계가 더 힘들게 느껴질까요?

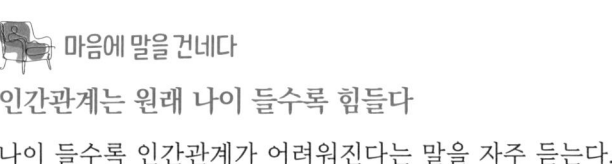

마음에 말을 건네다
인간관계는 원래 나이 들수록 힘들다
나이 들수록 인간관계가 어려워진다는 말을 자주 듣는다.

이건 사실 자연스러운 일이다. 생각이 공고해지고 책임질 일이 많아지면서 예전처럼 모든 말을 마음에 담거나 쉽게 받아들이기가 어렵다. 자연스럽게 유연함은 줄고, 수용성도 줄어든다.

문제는 나뿐만 아니라 다들 그렇다는 점이다. 생각이 분명한 사람들이 만나면 어색함이나 충돌이 더 쉽게 생긴다. 그러니 인간관계가 버거워지는 건 이상한 일이 아니다.

란경 씨의 관계 맺는 방식에는 몇 가지 특징이 있다. 첫째, 화가 난다. 둘째, 화내는 나에게 당황한다. 셋째, 어색하면 관계를 끊는다. 넷째, 마음을 쓰는 게 점점 어렵다.

화가 나는 데는 이유가 있다

예전엔 그냥 넘기던 일인데 요즘은 작은 일에도 자꾸 속이 상한다. 내가 달라진 걸까? 아니다. 체력이 떨어졌거나, 감정의 여유가 줄었거나, 아니면 마음이 예전보다 솔직해졌을 수 있다. 내가 불편하다는 걸, 이제는 나도 알게 된 거다.

혹시 '저 사람 왜 저래?', '답답하네'라는 생각이 든다면 내 안에 '그런 생각과 말을 하는 당신보다는 내가 더 낫다'라는 우월감이나 상대에 대한 비하의 감정이 나의 마음 한편에 있었는지 떠올려봐야 한다.

마음 좋은 사람이라는 말을 평생 들었으며 한 분야에서 성과도 내는 사람이라면 더욱 그렇다. 그럴수록 '나는 괜찮은 사람이다'라는 생각이 마음속 깊이 잠재해 있다가 나이 들고 경험이 쌓이면서 내 생각이 굳건해지며 하게 되는 말, 바로 "쟤는 왜 저래?"라는 말 속에 어쩌면 상대를 비난하는 마음이 숨어 있었던 건 아닐까? 이제 나도 좋은 사람이라는 평가보다 대우받고 싶은 마음이 더 커진 건 아닌지 살펴볼 필요가 있다.

혹시 그런 마음이 느껴지더라도 나를 너무 비난할 필요는 없다. 나에게 이런 마음이 작동한다는 걸 알게 된다면 그걸 깨닫는 순간부터는 조심하면 된다. '아, 내가 지금 대우받고 싶구나. 인정받고 싶은 순간이구나. 잘난 척을 하고 싶은 마음이 작동했구나'라고 깨달으면 된다. 그러면 상대에게 비난의 화살을 돌리지 않고 화를 가라앉힐 수 있다. 상대는 내 마음대로 할 수 없지만 내 마음은 내가 조절하면 되니까 말이다. 그걸 알아차리는 것만으로도, 마음은 한결 가라앉는다.

화가 나는 것과 화를 내는 것 사이에서
평소에 유하고 쿨하다는 말을 듣던 사람이라면 감정을 느끼는 자기 자신이 낯설 수 있다. 하지만 감정은 억누른다고 사라지지 않는다.

'내가 이렇게 예민한 사람이었나?' 하고 놀랄 수 있다. 그렇다고 그것이 감정 조절 능력이 떨어졌다는 뜻은 아니다. 그보다는 지금 나에게 에너지가 부족하거나 감정 회복의 시간이 필요하다는 신호다.

화를 내지 말라는 말이 아니다. 단지 화를 내는 자신을 비난하지 말라는 말이다. '이게 어때서? 지금 화를 내는 건 당연하잖아'가 아니라 '나 왜 이러지?'라는 당황스러움이라면 좋은 반응이다. 이미 자신의 상태를 정확히 파악하고 있다는 뜻이니 말이다. 화내는 나에게 당황하는 것만으로도 성찰하고 있다는 뜻이다. 화내는 나에게 실망하기보다, 지금 내 안에서 어떤 신호가 울리고 있는지를 이해하는 것이 더 필요하다.

사람은 누구나 화를 낸다. 너무 괜찮은 사람이 되려 하지 않아도 된다. 그냥, 나를 이해하려는 마음이면 충분하다. 화가 나는 것과 화를 내는 것은 다르다.

관계를 끊기 전에 마음을 들여다본다

어떤 사람은 어색해지는 상황을 참기 힘들어한다. 그래서 기분 나쁜 일을 말로 꺼내기보다 관계를 아예 끊어버리는 쪽을 택한다. 이러면 남들에게는 단호해 보일 수 있지만 실은 그 사람은 그만큼 마음을 많이 써야 한다.

갈등 자체를 피하고 싶은 마음, 감정을 쓰는 게 너무 힘든 마음. 이걸 알아채야 한다. 이런 사람은 참고 또 참다가 터지는 것보다는 가끔은 솔직하게 말하는 연습을 해보는 게 좋다. 한 번쯤은 이렇게 말해보는 거다.

"그 말, 나 좀 기분이 나빴어."

이 말을 조금만 더 일찍 표현했다면 관계를 끊지 않을 수도 있었을 테니까 말이다. 불편함을 말하기 어려울 때 '사람들은 생각보다 남의 말에 오래 신경 쓰지 않는다'는 사실을 기억한다면 마음을 표현하는 데 조금 더 용기를 낼 수 있을 것이다.

"너무 쿨하지 않아도, 너무 좋은 인간관계를
추구하지 않아도 괜찮다.
인간관계가 힘들어졌다는 건
관계를 돌보기 전에
내 마음을 먼저 돌보라는 신호일 수 있다."

후배와 동료 대하기, 왜 이렇게 어렵죠?

전 요즘 회사에서 너무 외로워요.

최근에 차장으로 승진해서 새 부서로 발령이 났거든요. 남들은 승진도 하고 사무실에서 가장 직급도 높으니 좋겠다고 한턱내라고 하는데, 저는 그게 아니에요. 제가 대리나 과장일 때는 차장님이나 부장님이 계셔서 지도도 해주시고 분위기도 이끌어주셔서 좋았거든요. 그런데 이번 부서는 부장님이 따로 방을 쓰셔서 그 부서 내에서는 제가 가장 직급이 높아요. 상사 눈치 안 봐도 되니까 좋아야 하는데 그렇지 않다는 말이죠.

후배들한테 말 한마디 하는 것도 조심스럽고, 괜히 분위기 풀어보려고 농담을 하거나 대화라도 시도하고 나면 직원들 눈치가 보이고 직원들이 저를 싫어하는 건 아닌가 하는 생각도 들고요.

얼마 전 일이에요. 제가 큰맘 먹고 박 대리에게 "박 대리, 우리 오늘 점심 식사 같이 할까요?" 하고 물었거든요. 그날은 진짜 큰 용기를 냈던 거예요. 근데 박 대리가 "아, 차장님. 오늘은 친구랑 약속이 있어서요"라고 하더라고요. 그 순간 그냥, 제가 너무 민망해서 얼굴이 화끈거렸어요. 다른 직원들은 아무 말 없이 우르르 나가고 저 혼자 사무실에 덩그러니 남았을 때 '내가 뭔가 잘못했나?' 싶은 생각이 계속 맴돌았어요.

분위기도 이상해요. 출근해서 인사를 해도 제가 "좋은 아침입니다" 하면 "네, 네"가 끝이고, 제가 말 걸면 짧게 대답하거나 그냥 웃고 마는 식이에요. 그럼 또 혼자 괜히 위축돼서 말수가 줄고요.

예전엔 안 그랬어요. 상사분들이 저한테 참 잘해주셨거든요. 신입일 때부터 과장 때까지 저를 딸처럼 챙겨주시고, 제가 무슨 얘기를 하면 잘 들어주시고 반응도 따뜻해서 참 좋았어요. 식사도 늘 상사들과 했고요. 문제는 요즘은 제가 제일 직급이 높은 사람이고, 같은 사무실엔 저보다 어린 대리, 주임, 사원들만 있다는 거예요.

어제는 결국 예전에 잘 따르던 부장님을 찾아갔어요.

"부장님, 저 요즘 회사 생활이 너무 어려워요. 같은 부서 직원들이랑 말을 섞는 것도 어렵고, 점심 먹으러 가자는 말도 못 하겠어요. 제가 뭔가 말을 하면 싫어하는 눈치 같고, 후배들이 저한테 말도 안 걸어줘요. 저 어떡해요?"

이 말을 들은 부장님이 웃으시더라고요

"아이고, 우리 김 차장 아직도 아기네. 후배들이 말을 안 걸어줘? 나도 그랬는데? 그래서 항상 내가 김 차장한테 먼저 말 걸었잖아. 밥 먹자, 차 마시자 한 것도 다 내가 먼저였던 것 같은데? 그래서 김 차장도 나한테 마음 연 거 아니었나? 처음엔 고개도 못 들었잖아."

"제가요? 제가 언제요? 전 처음부터 부장님 잘 따랐었는데요."

"김 차장아, 이제는 자네가 부하 직원들을 챙겨줄 차례지. 우리 입장에서 보면 직원들이 다 아이잖아. 이제 자넨 아이가 아니라 아이들을 챙겨야 하는 차장이야. 차장이면 차장답게 먼저 말도 걸고 후배들 예뻐해줘야지. 우리 김 차장은 언제 어른이 되냐."

그러다 어느 날 직원들이 저를 두고 "김 차장님 너무 무심한 거 아니야? 어떻게 차 한잔 마시자는 말도 안 하시냐?" 이런 말을 하는 걸 들었어요.

근데 그게 아니에요. 제가 말을 안 거는 게 아니라, 말을 거는 게 너무 어렵다고요. 제가 불편해서 다가가지 않는 게 아니라, 거절당할까 봐 두려워서 멈칫하는 거라고요.

예전엔 저 사회생활 잘한다고 생각했는데, 그래서 선배들과 상사들에게 사랑도 많이 받고 일 잘해서 승진도 빨리 한 건데, 지금은 '내가 뭘 이렇게 못 하게 됐지?' 하는 마음뿐이에요. 부장님 말씀대로 제가 아직도 어린아이에서 못 벗어난 걸까요? 저는 아직도 엄마 같은 부장님, 엄마 같은 본부장님이 필요하다고요.

 마음에 말을 건네다

후배가 어려운 사람 vs. 선배가 어려운 사람, 당신은 어느 쪽인가?

누군가는 선배가 어렵고, 누군가는 후배가 더 어렵다. 나의 경우는 선배보다는 후배가 더 어렵고, 선배가 더 편하다. 이건 사람마다 다르다. 어떤 유형이 더 좋거나 나쁘거나의 문제는 아니다. 자신의 역할을 어디에 두느냐에 따라 관계에 대한 느낌도 달라질 수 있다.

후배를 챙겨야 한다는 책임감과 선배에게 잘 보여야 한다는 긴장감. 양쪽은 마음을 쓰는 방식이 다르다. 그 사이에서 줄타기를 하다 보면 한쪽이 더 편하게 느껴지고 다른 한쪽은 유독 조심스러워지기도 한다. 누구에게나 더 익숙한 관계가 있는 법이다.

후배가 어려운 이유, 그 감정의 뿌리를 마주할 필요가 있다

선경 씨는 요즘 후배와 있으면 어색해지는 자신을 보며 '내가 아직 미숙한 사람인가?' 하는 생각이 든다고 했다. 내가 아는 선경 씨는 인간관계에 서툰 사람은 아니었다. 오히려 정중하고 다정한 인상을 가진 사람이라 그녀가 이런 고민을 하고 있을 거라고는 생각하지 못했다.

그러다 문득 그녀의 어린 시절 이야기를 듣게 됐다. 그녀는 '돌봄'보다 '책임'이 먼저인 아이였다. 부모님은 늘 바쁘셨고, 초등학생 시절부터 동생을 업고 학교에 다니던 기억이 있다. 동생 때문에 친구들과 어울려 노는 건 상상할 수도 없었다. 자신의 감정보다 동생을 챙기는 게 익숙했고, 밤늦게 귀가한 부모님도 자신보다 동생을 먼저 챙겼다.

그럴 때면 부모님에 대한 원망보다 동생에 대한 섭섭함이 더 컸다. 자신이 부모님의, 특히 엄마의 사랑을 원했었다는 사실을 훨씬 나중에야 알게 됐다.

"저에게는 아직도 엄마 같은 부장님이 필요해요."

그녀가 조용히 한 말이다. 엄마의 사랑을 대신해 주던 상사가 사라진 지금, 자신은 마치 혼자 남겨진 아이처럼 느껴진다고 했다.

성인이 된 후 그녀는 엄마에게 '효도'를 하며 사랑받았다. 자신이 먼저 다가가고, 선물을 드리고, 같이 시간을 보내며 처음으로 엄마의 따뜻한 눈길을 받았다. 그게 너무 좋아서, 그 눈빛이 그리워서 자꾸 더 잘해드리고 싶었다.

그런데 그 눈빛은 엄마만의 것이 아니었다. 그녀가 좋아하던 부장님의 눈빛이 그랬다. 그녀는 조심스럽게 말했다.

"그래서 제가 부장님을 좋아한 걸까요? 그래서 지금, 그분 없는 사무실이 이렇게 낯설고 불편한 걸까요?"

그녀가 후배를 어려워하는 건, 단순한 사회성의 문제가 아니라 어린 시절 감정의 뿌리와 닿아 있다. 후배는 그녀에게 애정을 나눠주는 존재가 아니라 부모의 애정을 빼앗아갔다고 느꼈던 어린 시절 동생 같은 존재, 어쩌면 그 시절의 동생을 떠올리게 하는 존재였던 것이다. 어린 시절 동생을 돌보느라 자신의 삶을 살 수 없었던 기억을 되살리는 존재였을 수도 있다. 이런 느낌을 받으면서 후배들에게 친근하게 다가가고 정을 베풀기는 쉽지 않았을 것이다. 그러나 현실은 동생이 아니라 후배임을 깨닫게 되니 후배의 눈치를 보게 되고, 다가가고 싶다가도 자꾸 멈칫하게 된 것이 아닐까?

내가 이런 얘기를 하자 그녀는 무척 당황스러워했다. 그런 문제는 생각해 보지 못했다며 한동안 눈물을 흘렸다. 아마 어린 시절 자신에 대한 연민을 느꼈던 것 같다. 그녀는 자기도 몰랐던 자신의 마음을 알아주는 나에게 고맙다고 했다.

자기가 미숙한 거냐고 묻던 선경 씨, 그녀의 행동은 미숙한 게 아니라 너무 오래 혼자 컸던 사람들이 보이는 자연스러운 반응이다.

하지만 그녀는 이미 그 시간을 넘어섰다. 성인이 돼 엄마에게 사랑을 주었을뿐더러 엄마와 사랑을 뒤늦게라도 주고받을 수 있게 됐다. 이제 그녀는 사랑을 기다리는 사람이 아니라 사랑을 건넬 수 있는 사람이 됐다.

우리에게 직장 후배는 어린 시절의 '동생'이 아니라 따뜻한 관심을 원하는 어린 시절의 '나'일 수도 있다. 이제는 우리가 누군가를 돌볼 수 있는 사람이라는 걸 기억할 때다. 우리는 지난 시간을 견디며 살아온 사람이고 누군가에게 먼저 따뜻한 말을 건넬 수 있는 사람이다. 그것은 후배를 위해서가 아니라 이제는 성숙하고 편안한 '나'로 살아가기 위한 선택이다. 이제야말로 우리가 어른이 될 때다.

"어른이 된다는 건,
기다리지 않고 먼저 손을 내미는 일이다.
후배는 당신의 사랑을 빼앗는 존재가 아니라
당신이 그토록 바라던 따뜻함을 건넬 수 있는
기회를 주는 존재다.
그리고 어쩌면, 따뜻한 관심을 기다리던
어린 시절의 당신일지도 모른다."

자식에 대한 분리 불안 증상이 집착일까요?

저는 어릴 때부터 굉장히 독립적으로 자랐어요. 중학생 때 사춘기가 시작되면서 저 스스로에게 '이제부터 나는 어른이야'라고 다짐했던 게 기억이 나요. 그랬기 때문에 부모님이 저를 어린아이처럼 생각하고 챙기시거나 지나치게 보호하려고 하시면 거부감이 들었고, 그런 저 자신을 자랑스럽게 여겼어요.

그때부터 형성된 습관이 지금의 저를 만들었고, 어른이 돼서도 사회생활을 잘하게 만드는 원동력이 됐다고 생각하고 있어요.

사소한 일에도 부모님께 전화해서 "엄마, 엄마" 하는 친구들을 비웃었죠. 지금도 그런 친구가 있거든요. 그럼 저는 그 친구에게 "넌 언제까지 엄마한테 기댈 거냐?", "네가 지금 몇 살인데 아직도 매번 엄마를 찾냐? 엄마 좀 이제 너한테서 해방시켜 드려라" 하며 충고를 하죠.

문제는 제가 부모님에게서는 일찌감치 정신적으로 독립해서 잘 산다고 생각하는데, 자식에게는 그게 안 된다는 거예요. 첫째 아이를 낳았을 때부터 그랬던 것 같아요. 아이 낳고 얼마 봐주지도 못한 채 바로 회사에 복귀했는데, 그게 아이한테 너무 미안해서 해달라는 건 뭐든 다 해주고 싶었어요.

아이가 어린이집 다닐 때도 그랬어요. 아이는 아침에 헤어질 때도 손 흔들고 잘 들어가고 씩씩하게 잘 다니는데, 저는 눈물이 앞을 가려서 출근하면서 많이 울었던 기억이 나요. 둘째 때도 똑같았어요. 그때 남편이 애가 엄마고 엄마가 애라며 놀렸는데, "당신이 엄마 마음을 알아? 당신이 열 달 동안 뱃속에 넣고 젖 물려서 키운 내 맘을 아냐고! 엄마랑 아빠는 다른 거야!"라며 화를 내기까지 했어요.

요즘 둘째에게 사춘기가 왔나 봐요. 매일 옆에 붙어서 재잘거리고 "엄마, 엄마" 하던 둘째가 언젠가부터 뽀뽀도 거부하고, 포옹도 하지 않으려 하고, 제가 학교생활에 관해 묻기라도 하면 "몰라도 돼, 그런 게 있어", "내가 알아서 할게"라고 하더라고요. 그때마다 너무 서글픈 거예요. 심지어 중학생이 되고 여드름이 나기 시작하면서부터는 "엄마, 저도 이제 중학생이거든요", "들어올 땐 노크 좀 해주세요"라고 평소에

하지 않던 존댓말까지 써가면서 말을 하는데, 그 순간 너무 서운해서 눈물이 날 뻔했어요. 배신감까지 느껴지더라고요. 그런 제 모습을 보고 남편이 "여보, 이제 나랑 살아, 나랑 친하게 지내자", "아이들한테 너무 집착하지 마. 다 컸잖아"라고 웃으며 말하는데, 그 말도 너무 서운했어요. 겨우 중학생인데 벌써 제 마음이 이러면 나중에 대학 가고, 연애하고, 결혼이라도 하면 얼마나 더 서운할까요?

그러다 문득 '아, 나도 우리 엄마한테 이랬었는데' 하는 생각이 들었어요. 엄마가 "숙제는 했냐", "학교에선 어땠냐" 물어보시면 "엄마, 나 중학생이야. 그런 건 내가 알아서 할 테니까 엄만 신경 쓰지 마"라고 대꾸했던 기억. 그때 저는 그렇게 말하는 제가 자랑스러웠고, 어른스럽다고 생각했고, 엄마도 그런 저를 자랑스러워할 거라고 믿었어요.
지금도 여전히 제 걱정을 하는 엄마에게 "걱정 마, 엄마. 내가 몇 살인데 아직도 딸 걱정을 해? 내 걱정 말고 엄마나 잘 지내셔"라고 말해요. 그런데 정작 제 아이들이 저처럼 하는 건 받아들이기가 너무 힘드네요.

다른 사람들은 아이들이 크니까 손이 덜 가고 귀찮게 굴지 않아서 좋다고들 하던데 저는 왜 이럴까요? 남편은 "당신은 애들과의 관계에선 분리 불안 증상이 심해. 이제 애들한테서 벗어나. 자꾸 그러면 애들이 당신 싫어한다. 스토커 같잖아"라고 놀려요.

장난처럼 말하는 건데도 저는 그 말이 은근히 마음에 남아요. '혹시 진짜 내가 아이들한테 너무 매달리는 건 아닐까?', '그게 아이들한테 부담이 되고 있는 건 아닐까?' 하고요.

저 진짜 아이들과의 관계에서 분리 불안 증상을 보이는 걸까요? 제가 부모님으로부터는 빨리 독립하고 어른이 됐는데 왜 아이들에 대해서는 그렇게 하지 못할까요? 아이들과 있으면 오히려 제가 더 어린아이처럼 되는 이유가 뭘까요?

 마음에 말을 건네다

자식에 대한 감정은 분리 불안 증상이 아닌, 손을 놓지 못한 애착의 여운이다

나도 엄마니까 은지 씨의 이 마음을 안다. 자식과의 연결이 조금만 느슨해져도 마음이 철렁이고, 자식에게서 "이제 그만", "혼자 할 수 있어요"라는 말이 들릴 때마다, 자식이 방문을 닫고 들어갈 때마다 어쩐지 서운해지고 마음 한구석이 허전해진다. 심지어 나는 대학생인 딸이 방문을 닫고 들어갔을 때도 어찌나 서운하던지 "너를 감시하려는 의도가 아니라 내 마음이 서운해서 그러니 방문을 조금만 열어놔 주면 안 되겠냐"고 사정 아닌 사정을 한 적도 있다.

많은 부모가 느낄 이런 감정을 자식과 멀어지는 것에 대한 단순한 두려움이라고만 치부할 수는 없다. 오랫동안 자식을 중심으로 살며 깊은 감정적 연결을 이어왔던 부모에게, 자식의 성장과 독립이 자신의 한 부분이 떨어져 나가는 듯한 변화로 느껴지는 건 당연하다. 다행히 은지 씨는 이 감정을 자식 탓으로만 돌리지 않고, 왜 그렇게 느끼는지를 스스로에게 묻고 있다. 그 점이 중요하다. 자식에 대한 애착이 과하다고 느끼고 조절하려 한다면, 그 자체가 이미 감정을 자신의 내면에서 바라보려는 성숙한 시도다. 아직 문제가 크지 않다. 분리불안장애라는 병으로 발전하기 전에 해결할 수 있다는 말이기도 하다.

애착이 집착이 되는 원인을 파악한다

은지 씨는 어릴 때 부모로부터 일찍 독립한 사람이다. 그 자립심은 자신의 자랑이었고, 지금의 삶을 만드는 기반이 됐다. 그런 그녀인데 자식으로부터 독립하는 것은 왜 어려울까?

엄마와의 관계에서 은지 씨의 선택은 독립이었고, 이와 달리 자식과의 관계에서 은지 씨의 선택은 출발부터 애착이었기 때문이다. 엄마와 은지 씨의 관계, 엄마인 은지 씨와 자식의 관계 모두 처음부터 '엄마'가 선택하고, 쌓고, 돌보고, 만들어왔다. 여기서 중요한 것은 은지 씨가 엄마로부터 독립한 것, 은지 씨가 자식에게 애착하는 것 모두 은지 씨의 선택이라는 사실이다. 따라서 그녀에게는 이 상황을 스스로 충분히 생각하고 받아들일 만한 시간이 있었다. 이미 자기 설득이 된 후의 행동이니 어려움이 크지 않았다.

그러나 은지 씨에게 자식의 독립은 은지 씨 본인의 선택이 아니라 자식, 즉 타인의 선택이기 때문에 받아들이기가 쉽지 않다. 애정이 클수록 그런 관계에서의 변화는 상실감으로 다가온다.

그렇다면 지금 느끼는 이 서운함의 실체는 무엇일까? 혹시 자식이 아직 어리다는 이유로, 미성숙하다는 이유로 믿지 못하는 것일까? 그것보다는 내가 자식과의 관계 안에서 느꼈던 소속감, 존재감, 감정적 연결이 조금씩 사라져가는 느낌, 즉 정서적 연결이 사라져가는 것에 대한 불안감은 아닐까? 지금 느끼는 이 집착 같은 감정은, 자식이 아닌 내 안의 허전함에서 비롯된 것이 아닐까?

만약 그렇다면 이 감정을 해결해 줄 대상은 자식이 아니라 나 자신이다.

그 헛헛함과 외로움은 내가 나를 돌보고 내가 나를 채워줄 때 비로소 잦아든다.
'나의 마음은 어디서 시작된 걸까?'
이 질문을 스스로에게 던져보는 순간, 감정은 천천히 방향을 찾기 시작한다.

자식이 성장하는 만큼 부모도 성장해야
건강한 관계를 만들 수 있다

아이들은 자라며 "엄마, 이제 그만", "아빠, 나 혼자 할게"를 수없이 말한다. 그것은 사랑하지 않는다는 말이 아니라 다른 방식으로 사랑하고 싶어졌다는 의미다. 우리가 어릴 때 "엄마, 나 중학생이야. 그런 건 나 혼자 할 수 있어"라고 말했던 것처럼, 지금 우리의 아이들도 그렇게 경계를 세우며 성장하고 있다.

자식으로부터 집착이 될 수 있는 애정을 떼어내기란 쉽지 않다. 하지만 지금 우리가 시작하려는 이 변화는, 자식이 성인 되는 과정이 아니라 우리가 성숙한 부모, 진짜 성인이 되는 과정이다. 그동안 애정을 통해 쌓아온 관계를 놓는 것이 아니라, 다른 방식으로 사랑하고 다른 위치에서 연결되려는 시도다.

우리의 자식은 우리를 보고 자랐다. 우리가 잘해왔다면 아이는 이미 충분히 혼자서도 잘해나갈, 믿을 수 있는 상태에 와 있을 것이다. 그렇다면 이제는 그 믿음을 따라 실행할 차례다.

그리고 기억하자. 우리가 부모로부터 독립할 수 있었던 것역시 그런 우리를 믿어주고 지켜봐 준 부모가 있었기 때문이다. 이제는 우리가 우리의 자식을 그렇게 믿어줄 차례다.

"집착은 사랑이 아니다.
이제는 관심을 자식이 아니라 나에게로 돌릴 때다.
애착이 더 큰 사랑으로 발전하려면
나를 먼저 돌봐야 한다."

Chapter 5.
새로운 시작과 나를 위한 용기

생각보다 괜찮은 나를 발견했어요

우리 엄마는 공명정대한 분이에요. 엄격하고, 공평하고, 감정에 휘둘리지 않으시죠. 어릴 때 친구들과 다투거나 제가 무슨 문제를 일으키면 엄마는 항상 이렇게 말씀하셨어요. "너는 왜 그랬니?", "그 상황에서 그렇게 행동한 이유가 뭐야?", "걔도 그럴 만한 이유가 있었겠지"라고 말이죠.

무조건 제 편을 들어준 적은 단 한 번도 없었던 것 같아요. 예전엔 서운한 적도 많았어요. 친구들은 걔네들이 잘못했는데도 엄마들이 편을 들어주니까 내심 부럽기도 했고요.

점점 자라면서 생각이 바뀌었죠. '아, 우리 엄마는 정말 합리적인 분이구나.' 그리고 솔직히 좀 자랑스럽기도 했어요. 다른 엄마들과는 다르니까요. 그렇게 지적이고 합리적으로, 저를 딸이 아니라 하나의 인격체로 대해주는 엄마라고 생각했거든요.

결혼 초기에 저는 살림도 요리도 하나부터 열까지 서툴렀어요. 어느 날 시가 식구들과 함께 음식을 준비하게 됐어요. 제가 양파를 썰었는데 당연히 들쑥날쑥, 크기도 모양도 엉망이었죠. 우리 집이었으면요, 진작 한 소리 들었을 거예요.

그 순간 머릿속에 엄마 목소리가 들렸어요.

'얘, 이게 뭐니? 이걸 양파라고 썬 거야? 양파는 크기가 균일해야 다 같은 정도로 익지. 그 나이가 돼 아직도 그래서 어떡하니?'

그때 시어머니께서 옆으로 다가오셨어요. 저는 민망한 마음에 먼저 말했죠.

"양파가 엉망이에요. 잘 썰려고 했는데 들쑥날쑥이에요."

시어머니는 제가 썰어놓은 양파를 쓱 보시더니 깔깔 웃으시며 이렇게 말씀하셨어요.

"아이고, 할아버지부터 손녀까지 조손이 다 모였네. 우리도 삼대가 모였는데 양파도 삼대가 모였구나. 사이좋은 양파 집안이야."

"크기가 달라서 어떤 건 덜 익고 어떤 건 푹 익을 텐데 어떡해요?" 하니 "식감도 다양하고 얼마나 좋니. 재미있잖아" 하시는데, 그 말에 그냥 마음이 풀어졌어요. 갑자기 모든 경계가 허물어지며 마음이 놓이는 느낌이랄까요?

사실 저 아직도 엄마와 같이 있을 땐 어떤 일을 하고 나서 혼나지 않을까 눈치보거든요. 그런데 시어머니와 있을 땐 이상하게 그런 눈치를 안 보게 돼요. 그냥 다 받아주시니까요.

저도 엄마를 많이 닮았어요. 이성적이고, 합리적인 거 좋아하고, 잘잘못 지적하는 것에 익숙한 사람이죠. 그런데 그날 이후 생각이 조금 달라졌어요. 내가 뭘 잘못했는지를 사실 자신도 알잖아요. 잔소리 안 들어도 스스로 이미 눈치채고 있거든요. 그러니까 그럴 때는 "왜 그랬니?"보다 "그럴 수도 있지"라는 식의 위로되는 말이 서로를 위해 더 좋다고 생각하게 됐어요.

그 이후로 저는 "다정한 사람이 되자"를 인생 모토로 삼기로 했어요. 누구나 실수할 수 있잖아요. 그걸 유쾌하게 받아들이는 사람이 되고 싶어졌어요. 요즘은 사람들이 저를 보고 그래요.

"너 진짜 많이 친절하고 부드러워졌어."

"예전엔 별로 안 다정했는데, 무슨 일이 있었던 거야?"

아직도 가끔씩 예전의 제가 다시 튀어나올 때가 있거든요. 이성적이고, 딱딱하고, 평가하고 싶은 마음이 불쑥불쑥 나오는 거예요. 그렇게 하면 사실 속도 시원하고 하고 싶은 말을 다 하는 느낌이 들어요.

근데 그게 안 좋을까 봐 스스로 바꾸기로 한 거잖아요. 저는 왜 이렇게 오락가락할까요? '다정한 나와 따지기 잘하는 나', '칭찬 잘하는 나와 평가하고 옳은 말을 하고 싶어 하는 나', 둘 중에 어떤 게 진짜 저의 모습일까 고민되기도 하지만 '칭찬 잘하는 나와 옳은 말도 하고 싶어 하는 나'가 제 안에 공존한다는 걸 알았다는 것만으로도 마음이 좀 편해진 것 같아요. 이 정도면 선생님 말씀대로 '생각보다 괜찮은 나'를 발견한 거 맞죠?

 마음에 말을 건네다

다정함은, 원래 내 안에 있었다

우리는 종종 내가 어떤 사람인지 이미 다 알고 있다고 생각한다. 예를 들면 나는 이성적이고, 공정하고, 감정을 잘 다스리는 사람이라고. 이런 생각은 의외의 곳에서, 누군가의 단 한마디에 쉽게 뒤집힌다.

혜영 씨는 공평하고 합리적인 엄마의 방식을 내면화하며 자랐다. 그것이 옳다고 믿었고, 자신도 그렇게 살아왔다. 실수를 지적해 주는 게 더 좋은 태도라고 생각했다. 누군가 실수

했을 때 그걸 지적하는 것이 서로를 위하는 일이라 여겼다.

하지만 시어머니의 말 한마디가 그 믿음에 조용한 파문을
일으켰다. "조손이 다 모였네. 사이좋은 양파 집안이야."
혼날 줄 알았는데, 그 말 한마디에 마음이 몽글몽글해졌다.
순간 긴장이 풀리고 오랫동안 견고했던 세계관이 바뀌었다.
왜 겨우 그 한마디에 그렇게 편안함을 느꼈을까? 하필 왜
그 순간, 엄마의 목소리가 들리는 듯하며 위축됐을까? 그녀
는 그때 알게 된 거다. 자신이 그동안 눈치보며 살아왔다는
걸, 그게 싫었다는 걸, 그런 관계가 피곤했다는 걸, 그런 말
에 자신이 위축됐었다는 걸 말이다.

시어머니의 말 한마디는 농담이 아니라 다정함이고 신뢰였
다. 그 정도의 실수는 우리 사이에 아무 문제도 되지 않는다
는 뜻이었고, 그런 실수를 하는 나도 괜찮다는 뜻이었고, 그
런 나를 편안히 받아들여 준다는 나를 향한 몸짓이었다. 그
녀는 그 신뢰 안에서 자신이 어떤 사람이 되고 싶은지를 알
았다. 그건 단순한 위로가 아니었다. 그녀는 그 순간 이게 사
람을 대하는 또 다른 방식일 수 있다는 걸 느낀 거다. 혜영
씨가 그 순간 '어머니는 우리 엄마와 다르구나', '우리 어머니
는 다정하시구나'라고만 여긴 채 넘어가지 않고 순간적으로

무엇이 다른지를 알아차릴 수 있었다는 건 아무나 할 수 있는 일이 아니다. 이미 시어머니가 보여주신 그 마음이 그녀 안에도 있었기에 가능한 일이다. 다정하게 받아주고 싶었던 마음. 실수도 웃어넘기고 싶었던 마음. 그 마음이 지금껏 너무 조용해서 몰랐을 뿐이다. 그러니까 그녀는 달라진 게 아니라 드러낸 것이다. 엄마와는 다른 혜영 씨만의 다정함에 대한 욕구가 이미 오래전부터 자리 잡고 있었고, 그것을 이제야 드러냈다. 그녀는 자신의 욕구를 선택했고, 변화하기로 했다.

변화한 나와 예전의 나가 공존하는 지금, 나는 자연스럽다

그렇다고 변화가 언제나 안정적인 건 아니다. 예전의 딱딱했던 내가 다시 튀어나오는 날도 있다. 정확하게 지적하고 싶은 마음, 평가하고 싶은 마음, 시원하게 따지고 싶은 마음이 불쑥불쑥 얼굴을 내민다. 그럴 때면 혼란스러워진다. 나는 다정한 사람인가? 아니면 따지는 사람인가? 둘 중 하나를 골라야 할 것 같은 느낌이 들 때가 있다.

하지만 진짜 중요한 건 하나를 고르는 일이 아니다. 그 둘이 모두 나라는 사실을 인정하는 것, 상황에 따라 어떤 나를 드러낼지를 스스로 선택하는 힘을 가지는 것, 그게 바로 진짜 변화다.

진짜 자기 발견은 '예전과 달라진 나'를 찾는 게 아니라 '늘 내 안에 있었지만 알아채지 못했던 나'를 처음으로 알아보는 일이다.

"늘, 언제나 내 안에는 내가 모르는 내가 있었다.
다만 내가 알아차리지 못했을 뿐이다.
그런 나를 발견하는 것은 낯선 나를 만나는 일이지만
그때가 바로 생각보다 괜찮은 나를
발견하는 순간이다."

늘 억울하고 불안했던 나에게

저는 지금도 종종 어지러워서 힘들거든요. 가끔 이석증 증세가 나타나기도 하고요. 제 어지럼증은 사실 우리 집에서는 '지병'으로 불려요. 어릴 때부터 늘 있었던 증상이라서요. 자고 일어나면 기분이 나쁘고, 맨날 어지럽고, 컨디션이 안 좋았죠. 그런데 어릴 땐 이걸 누구도 믿어주지 않았어요. 가족들은 저를 걱정해 주기보다 늘 꾀병이라며 타박했죠. 컨디션이 안 좋아 울면 언니들은 "쟤 또 사이렌 울린다", "막내 지병 도졌다"라며 놀리곤 했어요. 특히 어릴 때 저는 아침에 많이 울었어요. 유치원이나 학교에 가기 싫다고 울고, 언니들이 놀려도 울고 했어요.

그런 저를 보면서 아빠는 달래주기는커녕 아침부터 재수없게 운다며 소리 지르거나 화를 내셨어요. 그럼 저는 서러워져서 더 크게 울고, 그러면 또 더 혼나고, 그런 날이 많았어요.

얼마 전 다시 어지럼증이 심해져서 병원을 찾았는데, 그때

제 증상이 메니에르병이라는 걸 알았어요. 꾀병이 아니었던 거죠. 그런데 그 말을 들으니 갑자기 억울함이 더 커지더라고요.

당장 언니들을 만났을 때 호소하듯 토로했죠.

"거 봐, 내가 이상했던 게 아니잖아. 꾀병 아니고 메니에르병이래. 어릴 때부터 그랬을 수 있대. 그것도 모르면서 다들 놀리고, 내 말도 안 믿어주고, 혼내고, 몰아붙이고 그랬지? 나 진짜 억울해."

그런데 언니들은 "기억이 다르다"고 했어요. "우리는 그렇게까지 타박한 적 없다", "엄마는 널 매일 안아줬고 걱정도 많이 했는데"라고 하는 거예요. 심지어 작은언니는 "진회 네가 기억하지 못하나 본데, 넌 막내라서 엄마가 무조건 네 편 들어주고 안아줬잖아. 우리는 그런 관심도 못 받아봤어"라고 말했어요.

최근 한 육아 상담 프로그램을 보니 저처럼 어릴 때부터 자주 불안하고, 예민하고, 울고, 낯선 걸 싫어했던 아이들은 실제로 외부 자극에 민감한 경우가 많대요. 낯선 자극, 새로운 환경, 변화 같은 걸 어려워하고 익숙한 루틴을 벗어나는 걸 불편해하는 성향이면 불안해할 수 있고 그게 신체 증상으로 나타난다는 거예요. 어린아이이니까 표현을 정확히 하지 못하고 울어버릴 수 있대요. 한마디로 익숙한 환경을 좋아하고 자신이 통제할 수 있는 범위를 벗어나는 변화를 싫어하는 거래요. 딱 제 이야기더라고요.

그걸 듣고 나니까 저 어릴 때 완두콩 먹고 어지럽다고 눕고 카레 먹고 어지럽다고 했던 기억들이 떠올랐어요. 그게 다 '이상한 나'여서 그런 게 아니라 학교에 적응하기 힘들 때, 새로운 일이 생길 때마다 그랬다는 걸 깨닫게 됐어요. 엄살이나 꾀병이 아니라 감각이 예민하고 두려워서였던 거죠.

그게 나쁜 것도 아니고 이유가 있었다는 생각을 하니까 위안은 됐지만, 그런데도 제 억울함은 잘 가라앉지 않더라고요. 그래서 이렇게 말하고 말았죠.

"그래도 아빠가 매일 화내셨던 건 너무 심했잖아. 나는 진짜 힘들었는데 아무도 안 믿어줬다고."

말하고 나니 억울한 마음이 더 올라왔어요.

큰언니는 그런 저에게 "그래도 내가 너 엄청 예뻐했잖아. 우리 애기, 우리 애기 하면서"라며 웃었어요. 생각해 보면 큰언니는 제가 서른이 넘도록 "우리 막내" 하며 늘 예뻐해 줬어요. 제 투정도 늘 받아줬고요. 나이 차이가 많이 나는 것도 아니었는데 말이에요. 저는 지금도 힘들면 큰언니에게 전화해서 투정 부리거든요.

그런데 아직도 궁금해요. 왜 저는 이렇게 억울한 게 많고 왜 자꾸 불안할까요? 언니들도 저처럼 억울하고 불안할까요? 아니면 저만 이런 걸까요? '내 억울함만 너무 오래 붙잡지 말자. 내가 모르는 언니들만의 억울함도 있었을 거야'라고 생각했지만, 그래도 여전히 조금은 억울해서 "아빠가 이 방송을 봤더라면 날 그렇게까지 야단치진 않으셨을 텐데" 했더니 그걸 받아 큰언니가 웃으며 말했어요. "아빠는 이미 돌아가셨으니 어떡하니. 네 억울함은 못 풀겠다. 하하하. 그래도 내가 너 진짜 예뻐했잖아. 아빠 대신이라고 생각해라."

저는 지금도 가끔은 억울하고, 가끔은 불안해요. 하지만 그건 제 성향일 뿐이고, 그 감정은 그저 이해받고 싶은 오래된 마음이라는 걸 알아요. 저도, 언니들도, 그때 그 시절의 모두는 각자의 방식으로 애쓰고 있었다는 것도 알게 됐어요. 저, 조금은 괜찮아진 거죠? 그걸 알게 된 것만으로도요.

 마음에 말을 건네다

예민함과 불안감은 꾀병이 아니라 기질일 수 있다

예민함과 불안감을 달고 사는 사람들이 있다. 이런 사람들은 종종 주변으로부터 오해를 받는다. 불평불만이 많다거나, 상황 파악을 못 한다거나, 분위기에 적응을 못 한다는 식의 오해들이다. 하지만 이러한 예민함이나 불안함의 원인은 성격이나 태도의 문제가 아니라 타고난 기질일 수 있다.

기질이란 타고난 성격의 특성과 측면을 말한다. 태어날 때부터 드러나는 유전적, 생물학적 경향이기에 우리가 선택하거나 훈련으로 쉽게 바꿀 수 있는 것이 아니다. 특히 기질적으로 불안감과 긴장감을 잘 느끼는 아이들은 성인이 돼서도 그 특성을 계속 지니는 경우가 많다. 기질은 차분함, 불안감, 긴장감 같은 정서적 패턴과 밀접하게 연결돼 있다. 기질을 흔히 '그 사람의 기분 패턴'처럼 표현하기도 하지만, 단순히 기분 변화가 아니라 정서가 반응하는 방식의 일관된 틀이기도 하다. 안타깝게도 우리는 기질을 선택할 수 없고 받아들여야만 한다.

진희 씨는 여러 형제 중 막내로, 나이 차이가 크지 않은 언니들과 함께 자랐다. 언니들도 어렸기에 진희 씨에게 성숙하게 반응하거나 동생을 따뜻하게 보듬어주는 데 한계가 있었고, 아마 또래 형제라 매일 장난치고 싸우고 새로운 사건들이 벌어졌을 것이다. 어떤 날은 그 불똥이 진희 씨에게 튀었을 것이고 어떤 날은 진희 씨가 그 싸움에 스스로 끼어

들었을지도 모른다. 막내인 진희 씨에게 그 모든 과정은 선택이 아니라 마음의 준비 없이 순전히 받아들여야만 하는 일이었을 것이다. 이런 환경은 불안 기질을 지닌 진희 씨에게는 견디기 힘든 새로운 자극과 적응의 연속이었을 수 있다. 아침마다 기분이 나쁘고, 울음이 터지고, 예민하게 반응했던 것은 어쩌면 당연한 일이었다. 하지만 그런 감정들은 당시 어른들에게는 '이상함', '약함', '꾀병'으로 보였다. 그래서 불안을 다독여주기는커녕 더 큰 소리로 혼내고 놀리는 과정이 반복되면서 이 어린아이는 더 불안하고 억울해졌을 것이다.

감정의 실체를 알았다면 이젠 거기서 빠져나올 때다

진희 씨는 최근에 메니에르병이라는 질환이 있다는 걸 알게 됐고, 어릴 때부터 느꼈던 불편함이 실제로 신체에서 나타나는 정당한 반응이었다는 것도 깨달았다. 그러나 이 '증명의 순간'은 오히려 더 큰 억울함으로 다가왔다. "그때 아무도 몰라줬고 아무도 안 믿어줬잖아"라는 그녀의 말이 바로 그것이다.

이 감정의 뿌리는 단순히 몸이 아팠던 것에 대한 억울함이 아니다. 그때 아픔이 존재했다는 것을 '아무도 인정해 주지 않았던 것'에 대한 억울함이다.

설령 누군가의 기억이 다르다고 해도 진희 씨가 느꼈던 억울함은 사실이다. 누군가는 "그때 널 예뻐했잖아", "엄마는 네 편이었잖아"라고 말할 수 있다. 그 말이 맞을 수도 있다. 하지만 그 말이 나의 감정까지 지워주지는 못한다. 그 시절 누군가의 행동이 다정했든 차가웠든 그 순간 당신은 충분히 외로웠고, 충분히 억울했다.

그 감정은 여전히 당신 안에 남아 있지만, 그 감정을 들여다보고 인정한 지금의 당신은 그때보다 훨씬 더 성숙해진 사람이다. 진희 씨는 과거에 억울했고 지금도 종종 억울하다고 했다. 그것이 잘못된 것은 아니다. 하지만 그 감정에 갇히면 오히려 진실을 놓치게 된다. 점점 더 억울함에서 빠져나오기 힘들어진다.

억울했던 나, 위로받고 싶은 나

진희 씨가 말했다.

"그래도 아빠가 화내셨던 건 너무 심했잖아. 나는 진짜 힘들었는데 아무도 안 믿어줬다고."

그 말에 큰언니는 이렇게 대꾸했다.

"그래도 내가 너 진짜 예뻐했잖아. 아빠 대신이라고 생각해라."

이 장면은 단순한 위로의 순간이 아니다. '그 시절에도 나를 품어준 사람이 있었구나' 하는 사실을 알게 되는 순간이다.

과거에도 현재에도 나는 혼자가 아니고, 그래서 나는 지금처럼 억울해할 필요가 없다는 것을 알아야 하는 순간이다. 지금도 그녀의 곁에는 '우리 막내'를 여전히 받아주고 그녀의 말을 들어주는 사람이 있다. 그때는 몰랐던 사실이, 지금은 내 마음을 가라앉혀주는 위로가 된다.

과거의 억울함을 없앨 수는 없다. 하지만 그렇게 억울하던 시절 나를 살펴줬던 사람을 떠올릴 수 있다면 이제는 조금 덜 억울해해도 되지 않을까? 어쩌면 지금도 외롭고 억울할지 모르는 당신의 옆에는 당신이 느끼든 느끼지 않든 당신을 이해하려 노력하고 당신 편이 돼주는 사람이 있다. 유난히 억울하고 화가 날 때 '지금 나의 불안감이 작용하고 있구나'라고 생각하며 내 편이 돼주는 사람을 확인하고 마음을 나누는 것만으로도 불안이 가라앉을 수 있다. 이제 나는 내 불안을 다룰 줄 아는 사람이니 말이다.

"내 감정은 진짜다.
그러나 그 감정에만 갇히지는 않아야 한다.
누군가 나를 몰랐던 만큼 나도 누군가를 몰랐을 수 있다.
그걸 아는 순간 억울함은 이해로,
이해는 관계의 회복으로 이어진다."

옛날 친구들 앞에 서면 다시 작아지는 나에게

대학 시절 저는 좀 조용한 편이었어요. 여학생들 앞에선 괜히 어색했고, 남학생들 사이에서도 제 의견을 막 내세우는 스타일은 아니었죠. 그렇다고 제가 뭔가 부족했던 건 아니에요. 친구도 많고 과에서도 잘 어울려 다녔죠. 다만 과 친구들이 워낙 튀었거든요. 말도 잘하고, 유머도 넘치고, 서로 농담 던지고 받아치는 속도도 빠르고, 분위기 흐름이 늘 빨리빨리 움직였어요. 똑똑한 친구도 많았고요.

저는 뭐 그냥 평범했죠. 그 안에서 저는 나설 만큼 특별히 튀지는 않아도 반응은 늘 잘해주는 사람? 리액션 좋은 청중 같은 역할이었어요. 제가 리액션을 잘했거든요. 제가 웃어주고 감탄하고 놀라주면 친구들이 그걸 엄청 좋아했어요. 특히 여학생들에게는 "재훈이는 괜히 잘난 척 안 해서 좋아", "말은 없어도 재훈이가 가장 센스 있어", "너희도 재훈이처럼 좀 겸손해 봐라. 반응도 좀 잘하고" 이런 말을 많이 들었죠.

그런데 제 속마음은요, 그런 말을 듣는 사람보다는 어울려서 얘기하는 사람이 되고 싶었어요. 저도 다른 친구들처럼 하고 싶은 말이 많았어요. 근데 이상하게 타이밍을 못 잡겠는 거예요. 누군가 얘기하고 있으면 끼어들기가 애매했고, 친구들이 워낙 말을 잘하니까 저는 그냥 잘 듣는 애로 남게 된 거죠. 다시 말하지만 제 의지는 아니었어요.

그런데 세월이 꽤 흘렀잖아요. 그사이 저는 직장 생활을 하면서 성격이 많이 달라졌어요. 승진을 빠르게 해서 얼마 전엔 본부장 자리에 올랐죠. 아무래도 말할 기회가 많고 결정도 제가 해야 하니까 의견을 묻고 정리하는 게 제 주 업무예요. 회의나 발표 자리에서는 당연히 리더 역할을 하죠. 그러니 우리 직원들에게 별로 말 없고 잘 듣기만 하던 저의 옛날 모습을 얘기하면 아마 아무도 안 믿을걸요. 얼마 전에는 한 부하 직원에게 "본부장님은 어떻게 그렇게 지적이고 말씀도 잘하세요? 저도 그렇게 되고 싶어요"라는 말도 들었어요.

며칠 전 대학 동창회에 갔는데 아, 이거 참, 이상하게 대학 때 제 모습이 다시 나오는 거예요. 술이 한두 잔 들어가고 친구들은 자기 얘기를 막 던지며 웃고 떠드는데, 그 분위기에 맞춰 저도 뭔가 말하고 싶었어요. 근데 또 타이밍을 못 잡겠더라고요. 얘기를 끊기는 싫고, 중간에 끼어드는 것도 서툴고, 누가 끝내나 싶으면 또 다른 친구가 말을 이어가고… 그러다 보니 결국 저는 또 고개 끄덕이고, 웃고, 박수 치며 리액션 잘하는 옛날 재훈이로 돌아가 있었어요. 다른 친구들은 자기들끼리 웃고 얘기하면서도 저한테는 말할 기회조차 주지 않고 별 관심이 없더라고요, 예전처럼….

문득 이번엔 조금 불편한 감정이 들었어요. '이 친구들은 아직도 나를 그때 그 애로 생각하는 건가?' '아직도 자기들이 더 잘났다고 생각하나?' '근데 지금은 내가 자기들보다 훨씬 더 잘나가는데?'

그 자리에서 뭔가를 말하고 싶었어요. "야, 나 지금 본부장이야." "나 요즘 지적이고 말 잘하는 사람이란 소리 듣는다. 이제 너희들이 리액션하고 내 말 좀 들어라"라고 말입니다. 근데 또 그런 말은… 너무 없어 보이잖아요. 그 말이 목구멍 끝까지 왔다가도, '괜히 재수 없게 보일까 봐' 삼키게 되더라고요. 결국은 아무 말도 못 하고 그냥 또 맞장구만 치다가 돌아왔어요.

전 왜 아직도 그 친구들 앞에서는 작아지는 걸까요? 전 왜 이번에도 그들 앞에서 목소리를 내지 못했던 걸까요? 저, 왜 그랬을까요? 지금의 내가 자신 없어서 그랬던 건 아닐 텐데. 그 친구들을 만나서 그 시절로 돌아가는 순간 지금의 내가 아무 소용없는 것처럼 느껴졌어요. 그게 좀 불편했고, 솔직히 서운했다는 말이 더 맞는 것 같네요.

 마음에 말을 건네다

현재의 자아상과 과거 행동 패턴 사이의 불일치

오랜만에 어릴 때 친구들을 만나면 지금의 내 위치가 어떻든, 평소의 내 말투가 어떻든 그 시절의 내 모습으로 친구들을 대하는 걸 느끼게 된다. 중학교 시절 친구들을 만나면 중학생 때 나의 모습이, 대학교 동창들을 만나면 대학생 때 나의 모습이 갑자기 튀어나온다. 그러면서 서로들 한마디씩 한다.

"넌 어떻게 나이가 들어도 그때랑 똑같냐?"

"쟤는 그때랑 달라진 게 없어. 말투도 똑같고 목소리도 똑같아."

"너 여전히 그렇게 까부는구나?"

그런 말을 주고받다 보면 옛날 기억이 떠올라 한편 행복하기도 하고, 한편으론 '나 달라졌는데, 그때보다 훨씬 발전했는데, 얘들은 뭐가 똑같다는 거야? 내가 아직도 코찔찔이인 줄

아나?' 하며 섭섭한 생각이 들기도 한다.

시간이 흘러 많은 것이 달라졌다고 생각해도, 특정 친구들과의 관계 속에서는 묘하게 그 시절의 익숙했던 '나'가 되살아나는 순간이 있다. 이건 현재의 내가 부족해서가 아니라, 그 관계 안에서 오랫동안 반복됐던 역할이 무의식적으로 작동하기 때문이다. 사람은 특정 관계 속에서 익숙했던 행동 패턴이나 역할을 뇌가 기억하고 있다가, 그 관계가 다시 활성화되는 상황에 놓이면 자동으로 그 역할을 수행하려는 경향이 있다. 특히 오랜 시간 동안 지속됐거나 강렬한 감정적 경험이 있었던 관계일수록 역할 회귀는 더욱 강력하게 나타난다.

말 한번 제대로 하지 못했던 나, 끼어들지 못했던 나, 리액션만 하던 나. 그 감정이 강하게 각인된 공간에 다시 들어서면, 나도 모르게 예전의 반응이 작동한다. 친구들 앞에서 다시 작아지는 자신을 발견한 것도, 지금의 자신이 부족해서가 아니라, 그 시절 그 관계 속에서 굳어진 역할이 무의식적으로 되살아났기 때문이다. 현재는 직장에서 리더십을 발휘하며 능동적인 자아상을 갖게 된 그에게, 과거의 수동적인 역할로 되돌아가는 것은 불편함을 유발할 수밖에 없다.

고정된 역할에 대한 재평가를 할 때다

오래된 관계일수록 그 안에서의 역할도 쉽게 고정된다. 한 때 '말을 잘 듣는 사람', '튀지 않는 사람', '분위기를 읽는 사람'으로 기능했던 사람은 그 관계로 다시 만나면 무의식적으로 예전 역할을 반복하게 된다.

상담 중에 그는 대학 시절 비슷한 성적의 친구들 사이에서 튀지 못하는 자신에 대해 알게 모르게 쌓인 비교 의식과 열등감이 있었다고 털어놓았다.

고등학생 때까지는 늘 칭찬받고 똑똑하다는 소리를 들으며 살았는데, 대학생이 돼보니 다들 공부 실력이 비슷해서 성적으로 칭찬받기는 어려웠다. 또 자기는 머리가 특별히 좋다기보다는 단지 성실하게 공부하는 타입이어서 학업 성적이 특출나거나 지적인 스타일도 아니었단다. 말을 잘하거나 유머 감각이 뛰어난 친구들 혹은 순발력이 좋은 친구들 사이에서 '튀고 싶다'는 욕망이 없었던 게 아니지만 별 방법이 없어 주로 듣고 리액션하는 것으로 자신의 입장을 정했다고 했다.

여기서 우리가 놓치고 있는 건 없을까?

사람들은 누구나 자기가 튀고 싶어 하고, 돋보이고 싶어 하고, 말을 하고 싶어 한다. 이럴 때 가장 중요한 존재는 바로 남의 말을 들어주고 타인의 반응을 봐주는 사람이다. 남의 이야기를 듣고 반응해 주거나 공감하고 들어주는 사람, 그가 바로 모임에서 가장 중요한 역할을 하는 사람이다. 실제로 내가 만난 재훈 씨는 어떤 사람보다도 내 얘기에 귀를 기울였고, 나의 강점을 잘 알아보고 무한 칭찬을 해주었다. 그는 무리 속에서 긴장을 완화시키는 조화의 힘 같은 귀한 특성을 갖고 있었다. 그래서인지 특별히 재훈 씨와 헤어진 후에 유쾌하고 즐거웠던 기억이 난다. 그가 상담을 하러 왔는데 내가 상담을 받은 느낌이랄까?

지금의 나를 내가 먼저 인정하는 것이 회복의 시작이다

여전히 기존의 역할대로 하고 있는 나, 아니, 그렇다고 생각하는 내가 여기 있다. 그런데 사실 나는 친구들 사이에서 리액션하는 친구가 아니라 경청해 주는 친구로 인식되고 있었던 건 아닐까? 내가 그들의 유머와 화려한 언변을 부러워할 때 그들은 나의 긍정적 반응과 리액션을 부러워했을지 모른다. 지금 그들 앞에서 여전히 말을 잘 못하는 건 중요하지 않다. 더 이상 열등감을 가질 필요도 없다. 이 열등감은 '나는 왜 그들 앞에서 내가 하고 싶은 말을 자유롭게 하지 못할까?'에서 시작됐지만 알고 보면 '내 의사 표시를 못 하는 나를 바보 같다고 여기지 않을까?', '내가 자기들처럼 똑똑하지 않다고 여기는 건 아닐까?'라는 존재감에 대한 걱정이다. 당신이 모르는 사실은 당신이 말을 좀 못한다고 해서 그들이 당신을 우습게 보지는 않는다는 것이다.

그들은 당신의 칭찬과 긍정적 반응을 기다리며 우스갯소리와 여러 말을 했었고, 지금도 그렇다. 그들은 자신의 말을 하며 당신의 반응을 기다린다. 그런 이유로 누군가 말을 마치면 당신에게 말할 기회를 주지 않더라도 당신을 쳐다보고 리액션을 요구하는 것이다. 말을 많이 하든 하지 못하든 당신은 특별한 능력을 그때부터 가지고 있었고, 그들도 그걸 알고 있다.

당신이 이 사실을 받아들일 때 더 이상 사람 관계에서 상대의 반응에 머물지 않고 내 목소리로 자리를 채워갈 수 있게 된다.

**"과거의 역할에 대한 부담에서 벗어나려면
타인의 시선이 아닌 나의 시선이 먼저 달라져야 한다.
내가 미처 알아보지 못한 특별한 나를 발견하는 순간,
비로소 나는 진정한 나, 내가 원하는 나로 선다."**

모임 후에 늘 말이 많았다고 후회하는 나에게

모임에 나가기 전 저는 늘 다짐을 합니다.

'오늘은 말 좀 적게 해야지.'

후배를 만나기 전에도 다짐합니다.

'오늘은 내가 조용히 듣는 사람이 돼야지.'

그런데 돌아오는 길엔 매번 같은 후회를 합니다.

'아, 오늘도 내가 너무 말을 많이 했어.'

지난주도 그랬어요. 오랜만에 친한 후배를 만났거든요. 이 친구는 저를 형처럼 잘 따르고, 저도 꽤 아끼는 후배예요. 그 날은 특별한 일이 있었던 건 아니고, 그냥 식사하고 차 한잔 하며 안부를 나누는 자리였어요. 늘 그랬듯 저는 속으로 다 짐하고 나갔어요.

'오늘은 후배 말 많이 듣자. 내 말은 전체의 30% 이하로.'

처음엔 나쁘지 않았어요. 후배가 요즘 직장에서의 고민과 진로 문제 이야기를 꺼냈고, 저는 고개를 끄덕이며 들어주었죠. 그런데 어느 순간, 어느새 제가 또 제 얘기를 하고 있는 거예요.

"아, 그거 말이야. 나도 옛날에 그런 적 있었거든."

입을 떼고 나면 멈추기가 어렵더라고요. 중간에 '아차!' 하는 생각이 들면 얼른 "그래, 넌 어떻게 생각해?" 하고 후배에게 말을 넘기긴 했어요. 그런데 후배가 이야기를 두어 마디 하면 또 제가 끼어들어요. 다시 제 얘기를 시작하는 거죠. 결국 그날도 후배보다 제가 더 많이 말했어요. 헤어질 때 "영석아, 미안하다. 오늘도 또 내가 말을 많이 했네" 그랬더니 후배가 웃으며 "아뇨, 형. 저는 형 얘기 듣는 거 좋아요" 하더라고요. 그 말을 듣는 순간 '얘도 내가 말 많은 거 알고 있구나' 싶었어요. 괜히 겸연쩍더라고요.

후배한테만 그런 게 아니에요. 친구들이랑 있어도 그래요. 처음엔 잘 듣다가, 어느 순간 제가 이야기를 주도하고 있어요. 가끔은 술 한잔씩 해서 분위기가 산만해지면 "자자, 조용히 해봐. 내 말 좀 들어봐" 하기도 해요.

물론 제가 지루하거나 무례하게 말하는 스타일은 아니에요. 친구들이 제 얘기를 싫어하는 것 같진 않고, 오히려 재밌다고 좋아해요. 후배들도 제 얘기가 도움이 많이 됐다며 고맙다고 해요. 사실 선후배들 사이에선 제가 말 잘하는 걸로 유명하긴 합니다.

그런데도 저는 항상 돌아오며 후회해요. '오늘은 좀 줄일걸', '남 얘기 좀 더 들을걸' 하고요.
저, 평소에 말 못 해서 답답한 스타일 아니에요. 잘난 척하고 싶은 것도 아니고 인정받고 싶은 마음도 아니에요. 그런데 이상하게, 듣다 보면 또 제가 얘기를 하고 있는 거예요.

며칠 전엔 친구한테 물었어요.
"민석아, 나 말 너무 많이 하지?"
사실 "아니야"라는 말을 듣고 싶었거든요. 그런데 그 친구가 "그치, 네가 말을 많이 하는 편이긴 하지. 근데 뭐, 네 얘기 재밌잖아. 잘난 척하는 것도 아니고 괜찮아. 네가 말 안 하면 애들이 싫어한다. 근데 그런 건 왜 묻냐? 그냥 살던 대로 살아"라고 하는데, 뒷말은 하나도 안 들리고 "말을 많이 하는 편이긴 하지"라는 말만 자꾸 맴돌았어요.
저는 왜 자꾸 말을 줄이겠다고 다짐하면서도 줄이지 못할까요?

그런데 또 이런 생각도 들어요. 저는 왜 항상 말을 적게 해야겠다고 생각하는 걸까요? 누가 뭐라고 하는 것도 아닌데 말이죠. 그러면서도 또 왜 계속 말을 많이 하고 매번 그걸 후회하는 걸까요? 말을 많이 하고 들어온 날이면 계속 후회스럽고, 그런 저를 탓하고, '애들이 싫어하진 않았을까? 잘난 척하는 걸로 보이진 않았을까? 내 말에 상처받은 애들은 없을까?' 하고 뒤늦게 신경이 많이 쓰여요.

말이 많은 게 문제일까요, 말을 줄이지 못하는 게 문제일까요? 아니면, 그걸 후회하면서도 계속 반복하는 게 문제일까요? 저도 누군가의 이야기를 잘 들어주는 속 깊은 사람이 되고 싶거든요.

 마음에 말을 건네다

말 많음의 이유를 묻다

어느 모임에 가더라도 주로 말을 하는 사람과 주로 듣는 사람이 정해져 있다. 말을 적게 하고 주로 듣는 사람은 가끔은 '나도 말 좀 잘했으면' 하는 생각을 하고, 말을 많이 하는 사람 중 몇몇은 '왜 나는 말을 많이 했을까? 오늘은 주로 남 얘기를 들으려고 했는데' 하며 후회하기도 한다.

말을 많이 하는 데에는 단순히 '수다스러운 성격' 이상의 이유가 숨어 있다.

말이 많아 고민인 수형 씨는 상당히 사려 깊은 사람이었다. 자신의 얘기를 매우 유쾌하게 풀어놓았고, 그러면서도 진지함을 잃지 않았다. 그는 말이 많았다고 후회하고 앞으로는 그러지 않겠다는 다짐을 반복하면서도 또다시 많은 말을 하는 자신을 탓했다. 후회를 반복하면서도 말을 멈추지 못하는 이유는 무엇일까?

누군가가 모임이나 관계에서 주로 말을 많이 하게 되는 건 분위기를 책임지고 싶은 마음 때문이거나 상대에게 공감하고 싶은 마음 또는 좋은 관계를 만들고 싶은 마음 때문일 수 있다. 말이 많아서가 아니라, 마음이 깊기 때문에 그렇다. 예를 들어 어색한 침묵이나 분위기가 지속되면 순간적으로 묘한 기류가 흐른다. 이럴 때 관계에 예민하거나 모임 또는 조직에 대한 책임감이 큰 사람이라면 내가 나서서 채워야 할 것 같은 조급함에 휩싸이곤 한다.

말을 주도적으로 하게 되는 데는 또 다른 이유도 있다. '나도 사랑받고 싶다'는 감정이 말을 통해 표현되는 경우다. 말이 많다는 건 '나도 여기 있어'라는 무언의 메시지일 수 있다. 상대의 반응을 통해 내가 여전히 괜찮은 사람이라는 걸 확인하고 싶은 마음이 작동하면, 말을 줄이겠다고 다짐하면서도 자꾸 이야기를 시작하게 된다.

또 한편으로는, '친밀감'을 말로 증명하려는 무의식적인 행위이기도 하다. "내가 이렇게까지 이야기하는 건 너를 편하게 생각해서야"라는 메시지를 전달하고 싶어서다. 이런 경우엔 말을 많이 한 후 미안함을 표현하고, 그 미안함을 다시 관계를 확인하는 말로 감싸는 흐름이 반복된다.

마지막으로 혹시 지금 이 자리에서 내가 주인공이 되고 싶은 마음 때문은 아닌지 생각해 보자. 대화나 모임에서 중심이 되고 싶거나 주목을 받고 싶은 마음이 말을 통해 간접적으로 드러나진 않았을까? 직접적으로 "내가 중심이 되고 싶다"고 말하지 않더라도 말의 양으로 존재감을 유지하고 상대의 반응으로 자기를 확인받고 싶은 사람은 결국 공감받는 사람보다 주도권을 쥐는 사람이 되기를 원한다.

만약 이 욕구가 가장 큰 원인이라면, 정말 조심해야 한다. 내가 어떤 사람이라는 걸 보여주고 싶은 마음이 말을 앞지르기 시작하면 오히려 주인공에서 멀어지고 관계의 신뢰도 떨어지기 쉽다.

중요한 건 말이 많다는 결과보다 그 말을 하게 된 동기를 이해하는 일이다. 여러 이유 중 어떤 것이 가장 크게 작동했는지는 사람마다 다르다. 그리고 그것을 알게 되는 순간, "왜 나는 늘 말을 많이 하게 될까?"라는 질문에 대한 자기 이해의 문이 열리게 된다.

말이 많았던 게 아니라 마음이 많았던 것이다

'오늘은 말을 적게 해야지.'

이 다짐 속에는 '좋은 사람'에 대한 강박이 숨어 있다. 조용히 잘 들어주는 사람, 후배의 고민에 귀 기울여주는 선배, 배려 깊은 선배 등등. 그런 좋은 이미지에 자신을 맞추려다 보니 말이 많았던 날은 꼭 후회하게 된다. 그러나 좋은 사람은 '말을 적게 하는 사람'이 아니라 '진심으로 말하고 듣는 사람'이다. 강박처럼 매번 다짐을 하는 대신, 그 순간의 대화를 있는 그대로 받아들이는 유연함이 필요하다.

사실 말을 많이 했던 이유는 상대를 무시하거나 잘난 척을 하고 싶어서가 아니었다. 도움이 되고 싶어서, 내 경험이 위로가 되기를 바라는 마음에서였다. 오히려 듣는 사람이 편안하게 느끼는 말, 진심이 묻어나는 말이라면 그건 '많은 말'이 아니라 '깊은 마음'이 담겼기 때문일 것이다.

당신이 반복적으로 후회하는 건 말의 양이 아니다. 그 말을 하고 나서 괜히 잘난 척처럼 보였을까, 상대가 불편하지 않았을까 혹은 내가 너무 중심이 되려 한 건 아닐까 하는 불안함이다. 이 불안은 결국 '좋은 사람이어야 한다'는 스스로의 기대에서 생겨난 것이다. 그 기대를 잠시 내려놓고 말을 많이 했던 그 순간의 당신 마음이 무엇이었는지 들여다보는 건 어떨까?

"돋보이고 싶은 욕망이 아니었다면
말을 많이 하는 마음엔
누군가를 진심으로 돕고 싶은 마음,
지루한 시간을 채우고 싶은 마음,
관계를 잘 유지하고 싶은 당신의 성의가 담겨 있다."

SNS 안 하는 나, 그런데 괜찮아요

저는 SNS를 안 하거든요. 뭐 꼭 안 해야겠다, 하면 안 된다 이런 생각이 있어서 그런 건 아니고, 그냥 할 말이 없어요. 어차피 친한 사람들이랑은 톡이나 전화로 연락하면서 잘 지내고 있고, 가끔 만나기도 하고요. 물론 저도 계정이 다 있긴 해요. 인스타그램, 페이스북, 엑스, 유튜브까지. 팔로도 하고, '좋아요'도 누르고, 구독도 하고요.

근데 자꾸 물어봐요.
"너 요즘 뭐 해? 인스타는 하지?" "아니."
"그럼 엑스는?" "안 해."
"너 설마 아직도 페북해?" "아니, 나 그것도 안 하는데?"
"요즘 그런 거 안 하면 어떻게 살아?" "근데 나 계정은 다 있어. 그래서 네 거 다 보고 있어. 가끔 '좋아요'도 누르고 댓글도 달잖아."
"그게 더 문제야. 왜 남의 거 보기만 하고 너는 안 해?" "나는 별로 할 말이 없더라고."

그랬더니 누군 할 말이 있어서 하냐고, 그냥 일상을 공유하는 거라고 하는데, 저는 정말로 특별히 올릴 콘텐츠가 없어요.

사실 예전엔 저도 좀 했었어요. 가족 행사 사진도 올리고, 맛있는 음식 사진도 몇 번 올려봤죠. 처음엔 별생각 없이 올렸는데, 하다 보니까 이게 단순히 일상을 공유하는 게 아니라 점점 잘 보이고 싶더라고요. 사진 찍을 때도 인스타에 올리려면 더 잘 찍어야 한다는 생각이 들어서 인위적이 된다고 할까, 그런 느낌이 들기도 했고요. 특히 문제라고 느낀 건 자랑하고 싶은 마음이 자꾸 생긴다는 거였어요. '나, 이렇게 잘 살고 있다' 이런 마음이.

마지막으로 올린 사진은 몇 년 전 어버이날 찍은 거예요. 부모님과 형제들이 함께 좋은 데 가서 식사하고 선물도 드리면서 찍은 사진인데요. 용돈 박스 전달식 사진을 인스타에 올렸더니 댓글에 한 친구가 "좋아 보인다"라고 썼더라고요. "응, 좋았어"라고 대댓글을 쓰는데, 문득 얼마 전에 그 친구 어머니가 돌아가신 게 생각났어요. 제가 장례식장도 다녀왔는데, 갑자기 너무 미안하더라고요. 자랑하려고 한 게 아니었다고 저 자신에게 말했지만, 사실 그런 마음이 전혀 없었다고는 말 못 해요.

저도 내심 화목한 우리 가족을 보여주고 싶었던 것 같아요. 물론 그 친구에게 보여주고 자랑하려던 건 아니죠. 그보단 불특정 다수에게, 세상에게 "이것 봐라. 나 이렇게 잘 살고 있다. 나 이렇게 가족과 화목하게 지낸다"라고. 그런데 그게 그 친구한텐 얼마나 아픈 장면이었을까 싶었어요. 또 어떤 친구는 그 사진에 "살아 계실 때 잘해라"라고 댓글을 달았는데, 그 친구도 어머니가 암으로 돌아가신 게 생각났어요. 순간 어찌나 얼굴이 달아오르던지, 부끄러워서 바로 다 비공개로 전환해 버렸죠.

그 친구들이 저한테 어떤 감정을 가졌는지는 모르겠어요. 부러움일 수도 있고, 진심일 수도 있고, 아니면 아무 생각 없었을 수도 있고. 중요한 건, 제가 그 순간 너무 죄책감이 들었다는 거예요. 직업 관련해서는 올릴 만한 게 없고, 일상은 누군가에게 상처가 될 수도 있다는 생각을 하니까 더 이상 SNS에 올릴 게 없더라고요.

자칭 평범한 일상을 올릴 순 있겠죠. 근데 또 그걸 보는 사람이 다 괜찮은 건 아니잖아요. 누구는 그런 상황을 누리지 못할 수도 있고, 그걸 보며 상실감을 느낄 수도 있고요. 그 누구가 가까운 사람일 수도 있고 모르는 사람일 수도 있지만, 큰 차이는 없죠. 만약 한두 명이라도 불편함을 느낀다면 안 하는 게 맞겠다고 생각했어요.

물론 SNS 하는 친구들이 다 자랑을 하는 건 아니에요. 풍경 사진을 올리는 친구도 있고, 시사적인 글을 올리는 친구, 책 소개를 올리는 친구, 여행 후기를 올리는 친구까지 다양하게 있죠. 그걸 보면서 제가 부러워하거나 질투를 하지도 않고요. 종종 공감하는 내용이나 도움 되는 내용도 있어요.

하지만 그런 게 아니라면, 제 입장에서, 제 마음 안에 조금이라도 '잘 보이고 싶다', '좋아 보이고 싶다'는 게 있다면 그건 안 하는 게 맞는다고 생각했어요.

그래도 여전히 계정은 있어요. 인스타그램으로 안부를 묻는 사람도 있으니까요. 소통은 해야 하잖아요.

근데 보면 주변 사람들이 꼭 묻는다니까요.

"너 인스타그램 안 해? 왜 너는 안 해?"

그런 말을 들을 때마다 가끔씩은 '진짜 내가 뒤처지고 있는 걸까?' 그런 생각이 들긴 해요. '이제라도 해야 하는 건가?' 라는 생각도 들고요.

제 마음속에 자리 잡은 자랑질하고 싶은 욕구를 아는데, 제가 SNS를 안 하는 게 맞는 걸까요? 아니면 고민하지 말고 이제라도 그냥 SNS를 할까요? 근데 진짜 할 말이 없다니까요.

 마음에 말을 건네다

SNS는 현대인의 정체성과 욕망의 구조를 보여주는 도구다

왜 이렇게 SNS에 집착할까? 아니, 왜 이렇게 진심일까? 사실 SNS는 존재를 증명하는 무대다. 일상을 공유한다는 건 단순한 기록이 아니라 '내가 살아 있음을 누군가가 봐줬으면 좋겠다'는 바람의 증명이다. 현대사회는 익명성과 고립감이 큰 사회라서 '누군가 내 일상을 확인해 주는 것만으로도 안심이 된다'는 심리가 작동한다.

사람들은 일상을 공유하는 것뿐이라고, 특별한 의도 없는 자신의 기록이라고 말하지만 알고 보면 사진을 올리는 이유 중 하나는 "이 정도면 괜찮지 않아?"라고 묻고 싶은 마음 때문이다. SNS를 바라보는 사람 입장에서 '좋아요'와 댓글은 단순한 리액션이 아니라 "너의 삶은 멋져", "그 선택 괜찮아"라는 식의 정서적 인정을 해주는 것이다.

특히 SNS는 비교가 구조화된 공간이기 때문에 타인의 반응을 통해 내 가치와 위치를 가늠하려는 심리가 강화될 수밖에 없다. 다시 말해 SNS는 "나 여기 있어요"라는 존재 확인을 통해 "나는 괜찮은 사람이다"를 확인받는 인정 욕구 확인의 장이다. 동시에 댓글과 '좋아요' 등을 통해 "나도 같이 있어"라는 소속 욕구도 확인할 수 있는 다기능 존재 확인의 장이라고 할 수 있다.

그러니 SNS에 '자랑하고 싶은 마음'이 담기는 건, 어쩌면 너무나 자연스러운 일이다. 사람들은 이런 생각을 의도적으로 하지 않고 '일상 공유'라는 표현으로 포장하고 있지만 이게 SNS의 기본 속성인 거다. 정원 씨는 이런 SNS의 속성을 꿰뚫어본 사람이다.

SNS 중단은 깊은 자기 성찰이 이끌어낸 결과물이다

정원 씨는 SNS를 하지 않는다. 하지만 그건 단순히 귀찮아서도, 누군가의 시선을 의식해서도 아니다. 무엇보다 중요한 건, 하지 않기로 마음먹기까지의 과정을 스스로 명확하게 설명할 수 있다는 점이다. 사람들은 종종 SNS를 '자랑하는 공간'이라고 가볍게 비판하면서도, 막상 그 자랑하고 싶은 마음이 왜 생기는지는 잘 돌아보지 않는다.

정원 씨는 달랐다. 가족과의 화목한 순간을 올렸을 때 그 장면이 친구에게 상실감을 줄 수도 있다는 사실을 떠올렸다. 댓글 하나에 상대방의 마음을 헤아렸고, 나의 기쁨이 누군가에겐 상실감을 줄 수 있다는 걸 알았다. 그건 단순한 죄책감이 아니라 관계 안에서 감정의 파장을 감지해 내는 섬세함이다. 이건 자신에 대한 깊은 성찰을 통해서만 나올 수 있는 성숙함이다.

정원 씨는 예전엔 자신도 그런 사람이 아니었다고, 자신이 큰 슬픔을 겪어보기 전까지는 타인의 상실이 잘 느껴지지 않았다고 했다. 그러다 인생에서 큰 슬픔을 겪고 나니 남들에겐 당연한 일상이 자신에게는 더 이상 누릴 수 없는 것임을 깨닫게 됐고, 그 상실감이 커지면서 때론 분노로까지 이어졌다. 시간이 지나면서 그런 마음은 사라졌지만 누구나 자신처럼 슬픔이나 상실감을 언제라도 느낄 수 있겠다는 생각이 들었다.

상실과 슬픔은 우리에게 고통을 주지만, 꼭 그런 것만도 아니다. 고통과 함께 우리는 성장한다. 그런 경험을 해본 사람만이, 자기 일상이 누군가에겐 아픔이 되기도 한다는 상상을 할 수 있다. 만약 그런 경험조차 없는데도 이런 선택을 했다면, 그건 자기 성찰의 깊이가 남다른 사람임에 틀림없다.

누군가는 "그 정도는 그냥 넘길 수도 있는 일이야"라고 말할 수 있다. 하지만 이런 결과까지도 예민하게 반응하는 것은 모든 사람을 진심으로 대하는 사람에게서만 나오는 태도다.

정원 씨는 자랑하고 싶은 마음이 없었다고 말하지 않았다. 오히려 있었다고, 그래서 올렸다고, 그러나 그것이 누군가에게 불편함을 줄 수 있음을 알게 됐다고 고백했다. 그리고 그 이후 자신이 어떤 방식으로 세상과 연결돼야 하는지를 다시 생각하게 됐다. 일상을 SNS로 표현하지 않기로 한 것은 회피가 아니라 성찰 끝에 내린 선택이다.

무언가를 보여주는 대신 멈추기로 한 사람은, 그 멈춤조차 하나의 태도이고 말이 될 수 있다는 걸 알고 있다. 정원 씨는 보여주지 않음으로써 스스로에게 더 가까이 가고, 누군가에게는 말하지 않음으로써 배려하는 방식으로 존재하고 있었다.

SNS 중단은 단절이 아니라 나만의 관계 맺기 방식이다

정원 씨는 마지막에 이런 질문을 던졌다.

"그럼 저는 SNS를 해야 하나요? 이런 생각을 하는 것도 잘난 척일까요?"

이 질문에는 두 가지 마음이 담겨 있다. 하나는 뒤처진 사람처럼 보이기 싫은 마음, 다른 하나는 잘난 척하는 사람처럼 보이진 않을까 하는 조심스러움이다.

나는 이제 정원 씨가 SNS를 해야 하나 말아야 하나로 고민하지 않았으면 좋겠다. 당신이 얼마나 자신을 성찰하고 동시에 타인을 배려해 온 사람인지를 알았으면 좋겠다. 이미 당신은 SNS 소통 여부와 상관없이 타인과 잘 연결돼 있는 사람이다. 보이지 않는 방식으로 관계를 유지하고 있는 사람이기도 하다. 당신은 뒤처진 것이 아니라 자기만의 방식으로 연결을 선택한 사람이다. 지금은 SNS를 할지 말지 고민할 때가 아니라 당신이 자신에 대한 깊은 성찰을 끝낸 사람이라는 걸 알아야 할 때다.

우리는 모두 연결을 원한다. 하지만 연결 방식은 달라도 된다. 누군가는 자주 올리고, 누군가는 조용히 반응만 하고, 누군가는 정원 씨처럼 보이지 않는 방식으로 조용히 관계를 맺는 것이다.

**"당신은 자기만의 방식으로 연결을 선택한 사람이다.
그리고 지금은 당신이 그걸 알아야 할 때다."**

이제 막 새로운 나를 발견한 당신에게 _
기쁨만 말하려던 내가, 위로하는 내가 됐다

처음 이 책을 쓰기 시작했을 때, 나는 사실 기쁨만 말하고 싶었다. 나에게 몰랐던 나를 발견하는 순간은 언제나 즐겁고, 짜릿하고, 기특한 경험이었다. 그래서 이 책에도 그런 기쁨을 담고 싶었다.

'나를 안다는 건 이렇게 기쁜 일이야.'

'나처럼 당신도 이 과정을 신나게 지나가면 좋겠어.'

그런 마음으로 시작했다.

위로는 하지 않겠다고 생각했다. 위로를 건네는 건 나와 어울리지 않는다고 느꼈다. 애초에 나는 위로하는 사람이라기보다는 발견한 사실을 전해주는 사람에 가깝다고 생각했다. 내가 나를 발견했듯, 당신도 당신을 발견하길 바라는 마음 그리고 기뻐하길 바라는 마음. 그게 전부였다.

그런데 글을 쓰다 보니, 조금씩 달라졌다. 사례 하나하나를 정리하고, 코멘트를 붙이고, 당신들의 말과 감정을 다시 읽다 보니 나를 위로하고 있었다. 어느새 나는 단순한 조언자가 아니라 내가 받은 위로를 진심으로 당신에게 전하고 싶어 하는 사람이 돼 있었다. 예전이라면 '이런 사람도 있어요', '이렇게 하면 좋아요'라고 소개하고 끝났을 이야기들이 어느 순간부터는 모두 내 이야기처럼 느껴졌다. 당신에게 진짜 위로가 전해졌기를 간절히 기대하게 됐다. 어쩌면 이 글을 쓰면서 가장 큰 위로를 받은 건 나였는지도 모르겠다.

이 글을 쓰는 내내 나는 상담자이면서 동시에 누군가의 따뜻한 말 한마디를 기다리는 사람이기도 했다. 그 마음이 어디서부터 시작됐는지 돌아보니 고등학교 시절의 어느 날이 떠오른다.

아버지가 사업에 실패하신 뒤 집 안에는 매일같이 부모님의 다툼 소리가 끊이지 않았다. 학업에서 이미 멀어져 있던 나는 기말고사를 앞두고 오랜만에 책상 앞에 앉았지만, 방 두 칸짜리 작은 집은 싸우는 소리로 가득 찼다. 짜증이 치밀어 소리쳤다. "이렇게 싸우면 내가 어떻게 공부를 해!" 하지만 싸움은 멈추지 않았고, 문득 이런 생각이 들었다. '저 사람들이 저렇게 싸워서 내가 대학에 못 가면, 내 인생을 책임져 줄까?'

불가능하다는 결론에 이르자, 오히려 주변의 소음이 신기하게도 멀어지는 듯 느껴졌다. 부모님은 여전히 다투고 계셨지만, 그 소리가 더 이상 나를 흔들 수 없었다. 그때 깨달았다. '내 인생은 내가 책임져야 하는구나.' 그리고 또 하나 또렷하게 기억나는 건, 그때 부모님을 '엄마 아빠'가 아닌 '저 사람들'이라고 생각했다는 것이다. 어쩌면 그때 처음으로 나는 부모님으로부터 심리적으로 독립하고 내 삶을 스스로 선택해야 한다는 사실을 어렴풋이 느꼈던 것 같다. '저 사람들', 그 한마디는 내 마음속의 선언이었다. 이제 부모님의 선택이 아닌 내 선택으로 살아가겠다는…. 내 인생을 책임질 사람은 오직 나뿐이라는 것을 깨달았지만, 솔직히 기쁘지는 않았다. 스스로 내 삶을 잘 헤쳐나갈 자신이 없었기 때문이다.

나를 알아간다는 건 마냥 기쁘기만 한 일은 아니다. 어떤 날은 사랑받지 못해 슬펐던 내가 떠오르고, 또 어떤 날은 인정받고 싶어 애썼던 내가 떠올랐다. 때로는 한 번의 실수로 누군가를 아프게 했던 내가 눈앞에 나타났다.

그런 나를 알아가는 일은 결코 기쁠 수만은 없다. 마주하고 싶지 않았던 나, 기억에서 지우고 싶었던 나를 다시 만나는 일이니까 말이다.

하지만 우리가 그런 자신을 마주하게 됐다고 그것을 변명으로 삼아서는 안 된다. '나 그런 힘든 일이 있어서 이런 생각을 가지게 됐어'라고 인식하는 건 훌륭한 깨달음이다.

그러나 거기서 멈추면 안 된다. '그런 힘든 일이 있었으니 내가 이런 행동을 하는 건 당연해, 당신들이 이해해야 해'라는 식이 되면 자기 인식은 단순한 자기 변명이 되고, 자기 연민은 고립으로 이어진다. 그렇게 되면 나와 화해할 수 없고, 나와 사이좋게 지낼 수 없으며, 그런 나는 결국 남과도 사이좋게 지내지 못한다. 남들과의 관계는 점점 멀어지고, 결국 세상과 싸우게 된다. 그런 나를 누구도 완전히 이해해 주지 않는다. 상처는 누구에게나 있기 때문이다.

결국 남는 건 늘 불쌍하고 억울하고 외로운 나 하나뿐이다. 그런 상태에서는 누구의 위로도 통하지 않는다. 나를 위로해 줄 첫 번째 사람도, 나를 용서해 줄 첫 번째 사람도 그리고 나를 남과 연결해 줄 첫 번째 사람도 결국 나다.

진짜 중요한 건, 그런 나를 알아보는 나, 그런 나를 이해하고 책임지는 나 그리고 결국 그런 나와 화해하는 나다. 과거의 내가 서툴렀다는 걸 알게 됐을 때 그걸 핑계 삼는 게 아니라 나와 잘 지내고 싶어지는 마음이 드는 것. 그게 내가 이 책을 통해 말하고 싶었던, 진짜 자기 발견이다.

나는 이 책을 통해 당신이 당신 자신과 좀 더 사이좋게 지내게 되기를 바란다. 세상과 사이좋게 지내기 위해서는 무조건, 먼저 나와 화해해야 한다. 그렇지 않으면 남에게 잘해주는 척하면서도 미워하고, 남을 사랑하고 싶어 하면서도 사랑받지 못하게 된다.

나는 당신이 자기 자신을 너무 나무라거나 야단치지 않고, 지나치게 질책하지 않았으면 좋겠다. 당신은 지금도 이미 훌륭하다. 그러나 지금 모습 그대로 살아도 된다는 뜻은 아니다. 핑계를 대라는 뜻은 더더욱 아니다. 다만 과거와 현재의 나를 있는 그대로 바라보는 것, 그 사실만으로도 누군가의 충고나 위로보다 훨씬 더 큰 위안이 될 수 있다는 걸 알았으면 좋겠다.

그리고 당신이 알든 모르든 당신의 마음을 이해하고 위로해 주고 싶어 하는 사람이 있다는 걸 잊지 않았으면 좋겠다. 그 사람이 바로 당신 자신이라면 더 좋겠다. 남에게는 관대하고, 나에게는 더 관대해지는 사람. 그런 당신이 되기를 바란다. 그래서 남과는 사이좋게 그리고 나와는 더 사이좋은 인생을 살기를 바란다.